USCHI BONAPARTE
DURCH DEN MOMSUN

GOLDMANN

Buch

Was bedeutet es Mutter zu werden? Uschi Bonaparte berichtet ungefiltert, ehrlich, unvollkommen, aber stets mit Humor und Feingefühl aus ihrem Leben als Dreifachmama. Sie nimmt uns mit auf die Reise ihrer Mutterschaft – von veganen Brüsten, Beziehungszweifeln, Vergangenheitsgepäck, romantisierter Erwartungshaltung ans Familienglück, achtsamen Krisen, Eingewöhnungswahnsinn, bis zum nachhaltigen Hängebauch – aka, dem Moment, wenn man als Mama zum ersten Mal wirklich in den Spiegel blickt. Sie bietet Müttern eine Schulter zum Anlehnen, Lachkrämpfe bis der Beckenboden brennt und eine feste Umarmung, wenn sie sie am dringendsten brauchen. Gedanken, die im Geburtsvorbereitungskurs, an der Kita-Tür, auf dem Spielplatz oder im Krabbelgruppenchat selten angesprochen werden, finden bei Uschi den Platz, den sie verdienen. Ihre mitreißenden, aufmunternden und hoffnungsvollen Worte streicheln die Mamaseele.

Autorin

Uschi Bonaparte (geb. 1986) teilt ihre Gedanken zu Zweifeln, Herausforderungen, Krisen und den täglichen Glücksmomenten als Frau und Mutter mit einer wachsenden Followerschaft. Vor ihrem Leben als Instagram-Uschi und dreifacher Mutter schrieb sie unter anderem für Nido, brachte das Magazin Päng! auf den Markt und war London-Korrespondentin einer deutschen Promi-Newsagentur.

USCHI BONAPARTE

DURCH DEN MOMSUN

HEUL- UND LACHKRÄMPFE
BIS DER BECKENBODEN BRENNT

Mit Illustrationen von
Laura Jil Fugger

GOLDMANN

Penguin Random House Verlagsgruppe FSC® N001967

1. Auflage
Originalausgabe Juni 2023
Copyright © 2023: Wilhelm Goldmann Verlag,
München, in der Penguin Random House Verlagsgruppe GmbH,
Neumarkter Str. 28, 81673 München
Illustrationen: Laura Jil Fugger
Der Text auf S. 43–47 ist bereits im ELTERN Magazin erschienen.
Foto S. 141: © Anna Livsic – @About.Little.J
Umschlag: Uno Werbeagentur, München
Umschlagmotiv: © Andrew Sowah
Alle Fotos im Innenteil: Autorin privat
Redaktion: Nina Schnackenbeck
Satz: Uhl + Massopust, Aalen
Druck und Bindung: CPI books GmbH
Printed in the EU
GS · cb

ISBN 978-3-442-17973-2

INHALT

Für O-E, E-D und A-S.
Für Pepita.

»Schatz, kannst du ihn sehen? Ich sitz am Computer und habe die letzten 30 Sekunden nichts gehört. Spielt er schön?«

VORWORT

Wir so vor neun Jahren: »Oh, nice to meet you, knutschi, knutschi, see you soon.«

Wir so heute: »Was ist mit den Geburtstagsgeschenken?? Ich wette, du hast keine Ahnung, wovon ich überhaupt rede. Nein, ich mentalloade dich nicht gerade. Ach, lasst mich doch alle in Ruhe!«

* * *

Die meisten Aktionen, die mein Leben geprägt haben, waren eher ungeplant. Aber in Bangkok den Vater meiner Kinder zu treffen? Daran hätte ich nicht im Traum gedacht.

Nachdem wir uns bei unserem fünften Wiedersehen in Deutschland fragten, ob das mehr sei zwischen uns, begannen wir, von Kindern zu sprechen. Ich: »Maximal drei«, du: »Minimum drei« – ideal! Wir legten los.

Und dann begann der Spaß – Goodbye Verknalltheitsphase, hello Elternlife! Zwischen Himmel und Hölle – schlimmer als in der Pubertät. Von traumatischer Geburt, postnataler Depression über Familienstreitigkeiten bis zum größten Killer von allen – Alltagsfrust.

Dazwischen die allergrößte, das Herz zerreißen wollende Freude und Liebe. Diese kleinen Gurken kommen in unser Leben und verändern von einer Sekunde auf die andere alles. ALLES. Wer du bist, wer du warst, wer du sein willst, was du isst, wie du schläfst, wie du fühlst, was du sagst, wie du aussiehst, wie du dich bewegst, wer für dich da ist, für wen du da bist, wie du Geld verdienst, wie du wohnst, wie du den Tag beginnst, wie du ihn beendest, was du denkst, während all diese neuen Phasen beginnen. Wer da komplett im Peace mit sich bleibt und easy und lässig scheint, raucht heimlich Dope.

Die meisten struggeln erst mal mit ihrer neuen Identität. Ob da vorher beziehungstechnisch ein tolles Fundament war, oder man, wie wir, nach einem Jahr Fernbeziehung loslegt und Familie spielt. Ob man vorher zehn Erziehungsratgeber gelesen hat oder sich ohne Babystudium ins Abenteuer stürzt. Die großen und kleinen Unstimmigkeiten gehören bei allen dazu.

* * *

Ich hatte mir vieles vorher anders vorgestellt. Das mit der Familie. Flüssiger. Weicher. Konstanter.

Ich hatte mir das so oft anders vorgestellt. Ich konnte mir vorher nicht ausmalen, dass ein ganzer Tag vorbeiziehen könnte, an dem wir uns wenig Nettes zu sagen hätten, weil alle zu müde, zu fertig, zu ausgelaugt.

Meiner Meinung nach ist die Mutternummer für viele Jahre der Killer des Fitnesslevels, der Schlafqualität und der Persönlichkeit. Man verliert sich selbst – und muss sich neu aufbauen, während Familienbedürfnisse 24/7 den Tag bestimmen.

Aber was sie für mich auch ist: der Zugang zu bedingungsloser Liebe. Dessen Schlüssel ich in der Hand halte, seit ich klein bin. Ich bin so froh, das Schloss dazu gefunden zu haben.

* * *

Es ist verdammt schwer, im neuen Alltag neben den Kindern Zeit zu finden, um über Probleme und Missverständnisse zu sprechen, während man eigene Bedürfnisse zurücksteckt, und sowohl sich selbst als auch anderen im Chaos und Wahnsinn Schwächen zu verzeihen!

Es ist so logisch – dass da nur wenig Platz vorhanden sein kann, sich selbst oder einer anderen erwachsenen Person etwas zu geben.

Als Mutter alles im Griff haben? Falsches Buch.

Wie gern ich Mäuschen spielen würde, wie es anderen zu Hause ergeht beim Familiesein. Während ich gerade mit Laptop im Bett liege, sitzt mein Mann mit seinem Telefon auf der Couch. Der eine hat beim Abendbrot etwas Blödes gesagt und die andere ihn seitdem ignoriert und tippt jetzt diesen Text. Keiner von uns weiß, wie lange es dauert, bis gleich jemand aufwachen wird. Die Erfahrung sagt uns, nicht lange.

* * *

Ich weiß nicht, wie du mein Buch in die Hand bekommen hast, nur, dass ich unheimlich glücklich darüber bin, dass es seinen Weg zu dir gefunden hat. Und jetzt geht es los. Festhalten! Das hier wird keine Kaffeefahrt.

Es wird ruckelig, ab und an spritzt ein bisschen Matsch ins Gesicht. Wenn wir Glück haben, kommt die Sonne raus. Das Gute ist, wir müssen da nicht allein durch. Wir sitzen gemeinsam im Wagen. Unser Kind weiß bereits im Bauch, was wir für eine Granate sind. Die einzig richtige Mama. Mit all ihren Facetten. Und wenn wir mal steckenbleiben, schieben wir uns von hinten an. Der Ausblick lohnt sich, das verspreche ich dir.

1

GEBURT

Anfang des zehnten Monats. Ich wache mit Beinen auf, die einem Elefanten Konkurrenz machen. Vom Schwindel, den ich deutlich spüre, sobald ich mich aus dem Bett erhebe, habe ich in den Schwangerschaftsbüchern zwar nichts gelesen, aber hey, ich will auch keine Memme sein, ist bestimmt normal. Als mein Mann mich nach der Arbeit aufgedunsen im Bett liegen sieht, ruft er den Krankenwagen und lässt sich seine Angst nicht anmerken. In der Klinik werde ich direkt eingeleitet, »sie müssen den falschen Geburtsplan haben«, flüstere ich meinem Mann zu, und dann sitze, stehe und schreie ich mich mit Blick auf den Big Ben durch 36 Stunden starke Wehen.

Statt Atmen im Pool, hört man aus unserem Kreißsaal im Kanon, »Ich hasse euch alle«, »Lasst mich alle in Ruhe«, »Nie wieder Sex« – Mann und Hebamme verstehen kein Deutsch. Ein Arzt erklärt seinen zehn Studierenden im Vorbeigehen mit Fingerzeig auf mich, »Hier sehen Sie einen Präeklampsie-Fall«.

Nachdem sie die PDA gelegt haben (»Schatz, du darfst niemals der PDA zustimmen, niemals, hast du gehört?!«), geht die Tür auf und meine Schwägerin steht da – sie wolle mal schauen, wir seien jetzt schon seit zwei Tagen in der Klinik, ob ihr Neffe da sei. Wir gucken uns verdutzt an. Aber ich bin froh, jemand Bekanntes zu sehen und frage sie, ob sie mich schminken und meine Haare schön machen kann.

Dann sinken die Herztöne unseres Babys. Die Hebamme drückt einen roten Knopf, unser Besuch muss gehen und der Raum füllt sich binnen Sekunden mit einem großen Ärzteteam.

In Erinnerung behalte ich: den Kuss meines Mannes, bevor er rausgeschickt wird. Die Ärztin, die sich über mich beugt und mir sagt, dass sie sich gut um mich und unser Baby kümmern würde. Die Kackwurst, die ich rausdrücke, sobald ich auf dem Operationstisch liege. Unser wunderschönes Baby, das Minuten später durch eine Öffnung meines Bauches das Licht der Welt erblickt. Den kalten Schauer, der mir den Rücken runterläuft, als ich Monate später zum ersten Mal begreife, wie viel Glück wir hatten, in einer Klinik gewesen zu sein.

Die ersten Tage zu dritt verbringen wir in einem Zimmer mit fünf anderen »Problemgeburtsfällen«. Seite an Seite, nur ein dünner Vorhang trennt uns. Keine Ärzte, keine Hebammen haben Zeit, zu schauen, wie wir klarkommen. Mein Körper ist so geschwächt, ich kann mein Baby kaum halten, geschweige denn stillen. Nichts klappt. Ich atme hörbar auf, als wir endlich zu Hause sind.

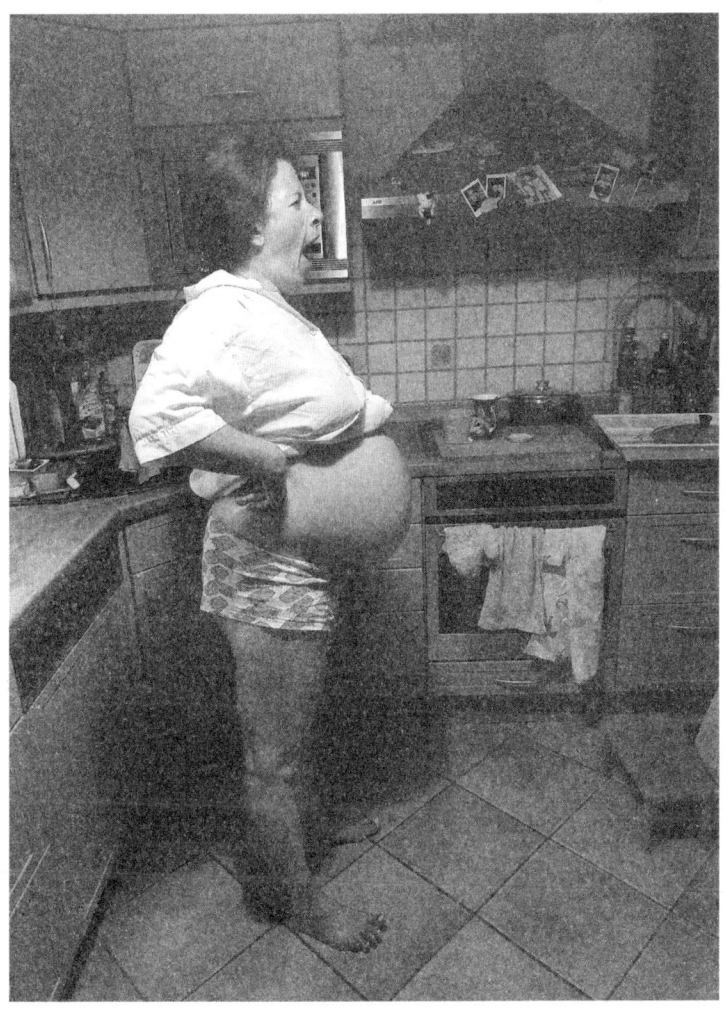

They say it's gonna be hard sometimes, you think, let them talk, it will be different for you, it's gonna be fun. They say keep smiling, time will run, you figure out they were right, no way to hide, but still you call it the ride of your life.

2

WOCHENBETT

Jemand hat ein Baby aus meinem Bauch herausgeholt, für den Rest des Jahres einen Zopfgummi in meine Haare gewurstet und in meiner Unterwäscheschublade alle Spitzenhöschen gegen Baumwollschlüpfer getauscht. Das Baby muss geweckt werden zum Trinken, seine Mum muss nicht geweckt werden, sie ist einfach die ganze Zeit wach.

Wenn ich eindöse, wache ich kreischend auf, weil ich meine Schmerzmittel vergessen habe. Mein Mann muss dann eine Schüssel holen. Für alle, die die Problematik »weiter Weg zum Klo nach Notkaiserschnitt« nicht kennen.

Generell könnte er meiner Meinung nach mehr rennen, um eine Grundordnung zu halten, die meinen Anforderungen entspricht: pünktlich Frühstück ans Bett liefern, rumliegende Wäsche waschen und Komplimente für die Babyoutfits parat haben, die ich nachts akribisch aussuche, statt zu schlafen. Ein Drahtseilakt, der dringend nötig ist, um den Babyblues im Zaum zu halten, der ständig durchbrechen will, von dem Frau vorher natürlich nichts wusste. Der einen dazu bringt, jeden einzelnen Move nonstop infrage zu stellen und aus dem Nichts die Bettdecke vollzuweinen.

* * *

Stillen, pumpen, Wasser erwärmen, schlafen, duschen, essen, über- und gleichzeitig unterfordert sein, je nach Laune mehr oder weniger wollen von einem Tag, der den Umständen entsprechend gar nicht mehr oder weniger bieten kann.

Das ist es also – das Wochenbett, von dem ich eine Vorstellung hatte, die rosa Watte glich und nicht (abgesehen vom wunderschönen Baby) nach blutgetränkten Binden, Schweiß oder schlechtem Atem roch.

Die Geburt hat meine Gefühlspalette augenscheinlich in alle Richtungen explodieren lassen, mein Leben in Vor und Nach den Kindern geteilt. Alles, was Kommunikation beinhaltet, funktioniert aktuell nur theoretisch. Praktisch kann und will ich mit niemandem reden, mach's aber trotzdem. Meistens über die Tastatur des Telefons. Alles, was hilft, die Gedanken nicht aufkommen zu lassen, dass die Geschichte auch einen anderen Verlauf hätte nehmen können.

* * *

Es gibt viel zu tun in den langsamsten Tagen der Welt, die man mit jedem Kind nur einmal erleben darf: U3-Termin organisieren, Geburtsverlauf anfordern, wenn es Probleme gab, Kinder- und Elterngeld beantragen, Stillhütchen laut Hebamme weglassen, Baby auf den Bauch legen, damit es keine platte Stelle am Kopf bekommt, OP-Naht waschen, wenn es eine gibt, Binden und Stilleinlagen wechseln, Wasser trinken nicht vergessen, feste Rituale einbauen, damit man seinen Namen nicht vergisst, Sommerhaus der Stars nicht verpassen, Mist, immer noch nicht Mittwochabend – na gut, Love Island tut es auch.

Was ich gern im Grundgesetz verankert hätte: dass jede Frau in dieser Zeit eine Person an die Seite bekommt, die ihr über die Schulter streicht, wenn plötzlich Tränen laufen. Die ihr Wasser reicht, beim Schluchzen zuhört, sie zum Lachen bringt, ihr das Handy aus der Hand nimmt, wenn sie eindöst, auf das wunderschöne Baby zeigt, verrät, wer schwanger, wer verlobt und wer nach Tahiti ausgewandert ist. Damit die kostbare Zeit zum Schlafen genutzt werden kann, statt für Promiflash. Die ihre Hände auf die Schultern der neuen Mama legt und sagt, dass alles gut ist, gut war und gut wird oder andere aufmunternde Reden hält.

* * *

Mutter zu werden kann einen sich so isoliert fühlen lassen, wie nie zuvor im Leben. Es ist eine hundssensible Zeit, in der wir die meiste Hilfe brauchen. Wenn eins sicher ist in dieser Zeit, dann, dass nichts sicher ist. Außer, dass mein Baby aufwacht, wenn ich gerade einschlafe. Dass ich noch nie so müde war. Dass ich noch nie so viele Ängste hatte. In den freien Minuten hänge ich am Handy, lasse Milch in Pumpen laufen, versuche, auf dem Klo die Augen aufzuhalten und weiß noch nicht einmal, dass »Herunterfahren« zu etwas wird, was sich in den nächsten Jahren sehr selten einstellen wird. Ist aber wirklich gar kein Problem.

Gestern hörte ich zufällig, wie mein Mann am Telefon einer der neuen Omas erzählte, ich sei gerade sehr empfindlich und würde mir viele Sorgen machen. Wat? Ich? Geht's noch?! Ich habe dann eine Weile laut herumgeschrien und vor lauter schlechtem Gewissen noch lauter geweint. Nein, das sind nicht die Hormone oder so, ich bin wieder voll fit, alles tutti, habe zwar die Verabredung mit meiner Freundin abgesagt, Wasser auf den Laptop geschüttet, das Paket meiner Tante noch nicht aufgemacht, mir ist nonstop nach Streit, aber hey, völlig normal, hihi, mimimi, buhuuu, olé.

Es braucht viel, um das Kartenhaus zusammenzuhalten. Damit der Nachwuchs überlebt. Das hat die Natur nicht ohne Grund so eingerichtet.

* * *

Und dann gibt es da diese Stimmung. Die keine Wochentage kennt, nur das Hier und Jetzt, das kleine Bündel neues Leben und »Wir«. Man will die Luft einatmen und für immer zementieren – Baby, Bettwäsche, in der den ganzen Tag gelegen wird, milchgetränkte Baumwollsachen. Abrufbar für Momente der Zukunft, wenn einem alles über den Kopf wächst, die kommen werden, aber an die gerade wirklich niemand denkt.

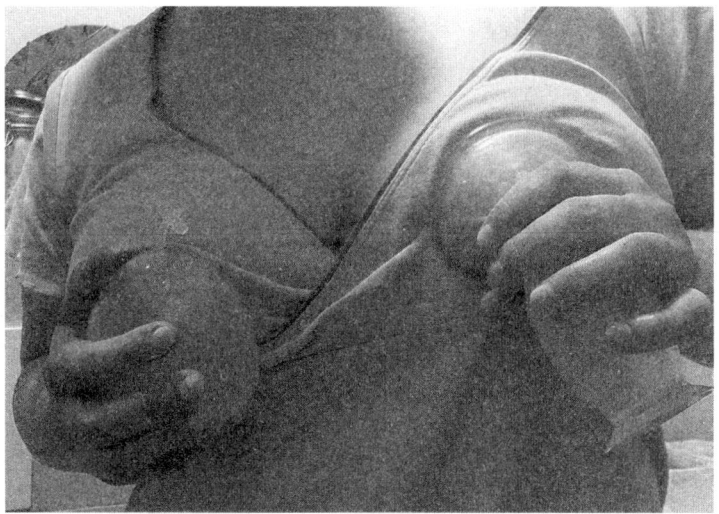

Geladen. Überfordert. Vollgepumpt mit Hormonen. Die da sind, weil sie da sein müssen. Leg dich niemals mit einer Mutter im Wochenbett an.

USCHIS WISDOM

Top 11 menschlicher Fehltritte
im Wochenbett

– selbst getestet –

1. Überraschungsbesuche. Außer, man bringt Essen oder eine Putzhilfe vorbei. Ganz sicher nicht, um zu bleiben.
2. Fragen, was es zu essen gibt, anstatt, was man mitbringen kann.
3. Mit einer Pizza ankommen – für sich selbst.
4. Zu spät zur ausgemachten Besuchszeit erscheinen, ohne zu fragen, ob das dann noch okay ist.
5. Länger bleiben als ausgemacht.
6. Drei Wochen nach der Geburt fragen: »Ist das normal, dass der Bauch noch so groß ist?«
7. Einer Person, die jetzt schon weiß, dass sie die nächsten Wochen wirklich jeden Tag in ihrer Wohnung Leggins tragen wird, sagen, dass sie fertig aussieht.
8. Zwei Wochen nach der Geburt fragen, ob sie mit shoppen geht, bisschen frische Luft tut bestimmt gut, sie soll sich nicht so anstellen, sie schafft das schon.
9. Dumme Sprüche machen, die keine(r) in dem Moment lustig findet, statt liebevolle Komplimente zu verteilen.
10. Die Mama unterbrechen, nachdem man sie gefragt hat, wie es ihr geht, um von anderen Geburten zu erzählen, bei denen es angeblich viel schlimmer war, und ihr damit unnötigerweise den Tag zu erschweren.
11. Sagen, dass doch alles gut sei, dass sie froh sein kann, dass es dem Baby gut geht, falls es dem Baby gut geht,

um damit das Gespräch zu beenden. Wahrscheinlich das erste, das die junge Mama an diesem Tag führt.

Du besitzt kein Feingefühl? Kein Problem, dann sehen wir uns in 18 Jahren wieder, wenn ich nicht mehr für das Überleben anderer Lebewesen verantwortlich bin und Ressourcen für Fehltritte von Menschen habe, die ich nicht aus mir herausgepresst habe oder die mir aus dem Bauch geschnitten wurden.

PS: Danke an die liebevollen Geschenke und Gesten von lieben Menschen in unserem Leben. Ihr habt in einer herausfordernden Zeit einen großen Unterschied gemacht! ❤

3

KAFFEE

Kurz vor zwölf Uhr mittags. Gerade ist mein kleiner Hase eingeschlafen, jetzt schnell in den Kinderwagen legen, damit ich direkt loslaufen kann. Wenn er dann wieder aufwacht, sind wir schon unterwegs, das schenkt mir Extrazeit. Konzentration, bloß nicht ablenken lassen, egal wie, Hauptsache, ich komme heute raus und mein Baby zur Untersuchung.

Okay, er liegt schon mal im Kinderwagen. Jetzt nur noch die Decke ein bisschen kuscheliger, ganz ruhig – ah, wieder wach! Kein Grund zur Panik, noch haben wir Zeit, den Termin zu schaffen. Zwar keine Extrazeit mehr, aber ich lege ihn einfach noch ein wenig in sein Bettchen, wird bestimmt gleich wieder müde. Gut, erst mal einen Kaffee. Dann mache ich meine Nägel und schreibe meine E-Mails. Warte mal! Vielleicht vorher noch mal stillen, damit er länger durchhält? Aber als Allererstes die dritte Schicht Nagellack auftragen, ganz doll pusten, was hat er denn? Okay, lass mich nachschauen, aaah, Kacka, gut, neue Windel – und der Nagellack ganz von allein wieder ab.

Ich wechsle seine Sachen. Hat er doch noch Hunger? »Pfll-llllllllll« – okay, kein Problem, keinen Hunger also, dafür auch noch ein frisches Kleid für Mama. Er wird langsam wieder müde. Soll ich die verbleibende Stunde bis zum Kontrolltermin selbst noch ausruhen und ihn ins Bett legen? Den Kaffee jetzt trinken oder lieber später? Nein, Sonnenbrille auf, Hase in den Kinderwagen, komm, beim Ausfahren schläfst du sicherlich ein.

Wieder heim – Vorsorgeheft und Wasser vergessen. Eine weitere frische Windel und zwanzig Minuten später nuckelt mein Baby auf einer Bank an meiner Brust, und ich wünschte, ich hätte den Kaffee getrunken oder wenigstens mitgenommen. Als seine Äuglein zufallen, lasse ich ihn langsam von der Brust in den Kinderwagen gleiten, wische die Milchflecken mit einem Feuchttuch von meinem Kleid, esse drei Schokocroissants, schicke meinem Mann eine verheulte Voicemessage, lösche sie aus Versehen, schicke die gleiche noch einmal, kippe den kalten Kaffee runter und frage mich, was Gerard Butler gerade macht.

4

STURMFREI

Die Tür geht zu, sie sind weg. Und ich bin zum ersten Mal seit einer gefühlten Ewigkeit allein. Vor mir liegen zwei Stunden, 120 Minuten, 7200 Sekunden. Ich will die Zeit so effektiv wie möglich nutzen. Was soll ich tun, womit soll ich anfangen? Alte Talente wiederentdecken und ein Bild malen? Seit Jahren mal wieder Geige spielen? Mit vergessenen Freunden oder Freundinnen telefonieren? Tanzen? Laut schreien? Meditieren?

Die Minuten verfliegen, ich sitze wie erstarrt da und mein Kopf rast. Meine beiden Männer sind unterwegs. Den einen habe ich gerade noch gestillt, frisch gewickelt, für den Spaziergang angezogen und zum Abschied geknuddelt und geknutscht. Dem anderen habe ich heute Morgen schon alle Vorwürfe gesammelt an den Kopf geknallt, ihn den restlichen Vormittag beleidigt ignoriert und kurz vorm Gehen damit gedroht, dass Trennung die einzige Lösung sei. Der Erste ist drei Monate alt und unser so langersehnter, perfekter Sohn. Der andere ist mein 30-jähriger Mann. Beide sind wunderschön. Seit zehn Minuten sind sie weg.

Ich gehe in die Küche, gieße mir ein randvolles Glas Wein ein, verschlinge alles Essbare, was ich auf die Schnelle finden kann, und setze mich auf den Balkon. Und stelle fest, dass ich in der letzten halben Stunde so ziemlich alle Regeln gebrochen habe, die ich mir vor der Geburt auferlegt habe.

1. Nicht vor dem Baby streiten. 2. Nicht im ersten Babyjahr mit Trennung drohen. 3. Aus Frust weder zu viel essen noch trinken.

Das Rad im Kopf dreht sich: Wenn ich weiterhin jede Regung meines Mannes beurteile, wird die Kluft zwischen uns größer und ich zur Helikopter-Mum. Wenn ich meine Drohung wahr mache und mich trenne, wächst mein Sohn ohne seinen Vater auf. Wenn ich als spontane Reaktion auf Stress in Zukunft weiterhin esse oder trinke, werde ich bald eine sehr dicke Alkoholikermutter sein.

Ich atme tief durch (nehme einen großen Schluck Wein) und stelle fest: Das, was hier bei uns gerade passiert, ist scheiße. Zu viel Druck von allen Seiten. So kann es nicht weitergehen. Zeit für neue Regeln.

Wir wissen alle, dass uns der Vergleich mit anderen Müttern nicht weiterbringt. Was mache ich, sobald es auch nur einen klitzekleinen Moment Ruhe gibt? Die Onlineprofile anderer Mütter checken. Von der finnischen YouTube-Mum mit zehn Kindern, die jeden Tag um 3 Uhr 30 mit Yoga begrüßt, deren komplette Familie in weiß gekleidet morgens Bananen isst und deren Haus in jedem Video minimalistisch glänzt bis zu Sarah Playmate-Harrison, deren Bodybuildermann sie auf jedem Instabild auf Händen trägt. Ich scheine 13 Jahre alt zu sein und vergessen zu haben, dass die Basis des InfluencerInnenerfolgs darin besteht, eine real wirkende Welt zu inszenieren. Dass all diese gestellten, glattgebügelten, gefilterten Bilder dieser aufmerksamkeitsgetriebenen, immer gut gelaunten Menschen so wirklich gar nichts mit Realität zu tun haben. Geschweige denn mit Alltag. Zumindest nicht mit meinem.

Ich nehme mir vor, ab jetzt keine Lebenszeit mehr mit Videos anderer Menschen zu verschwenden und stattdessen in der nächsten Pause, wenn das Baby schläft, ein Buch zu lesen. Oder fernzusehen. Oder mich unter die Dusche zu stellen und zu masturbieren.

* * *

Im neuen Leben mit Kind hört man immer die gleichen Fragen. »Und, alles gut bei dir?«, »Der ist ja groß geworden, oder?«, »Wie sind die Nächte?« Meistens gibt man auch die gleichen Antworten. »Ja, sie wachsen so schnell« oder »Er schläft noch nicht durch, aber es ist es trotzdem wert, nicht wahr?«

Es gibt auch viele Ratschläge, wenn man ein Kind bekommt: »Schlafe, wenn das Baby schläft.« »Verschafft euch Zeit zu zweit.« »Es ist okay, wenn zu Hause mal etwas liegen bleibt.« Was für ein Schwachsinn! Niemand schläft, wenn das Baby schläft – dann wird aufgeräumt, und in der Zeit, die man eigentlich zu zweit nutzen sollte, schläft man ein. Einen Satz gibt es aber, auf den man hören sollte: »Genieße die Zeit – nur ein paar Sekunden und sie sind groß.« Es stimmt: Mein Sohn ist drei Monate alt. Und ich höre jetzt damit auf, mich schlecht zu fühlen, weil ich es im Moment nicht hinbekomme, neben dem Mamasein noch einen Weekend-Wellness-Trip zu planen oder zu Hause meine Haare zu föhnen. Klar wäre das Til-Schweiger-Film-mäßig schön. Aber niemand führt so ein Leben, zumindest niemand, den ich kenne. Viel wichtiger ist doch, dass ich im Hier und Jetzt stundenlang unseren Sohn anstarre, der mit seinem neuen Gebrabbel einfach zu herrlich ist. Wie er sich jeden Tag verändert und wir das kleinste Detail davon wahrnehmen, was uns und sonst niemanden zu Spezialisten unseres Kindes macht.

Selbst wenn ich meinen Mann weiterhin dafür kritisiere, dass er nicht nur uns, sondern auch gern FC Arsenal anschaut, wird es niemand anderen geben, der unseren Sohn so gut kennt wie wir. Das Schönste, was ich mir wünschen kann, ist, dass wir als Eltern eine Basis finden und heute und später aufeinander zählen können. Das ist Arbeit genug.

Der Schlüssel dreht sich in der Tür – was, schon zwei Stunden um? Gott, habe ich sie vermisst!

5

TURNSCHUHE

Montag, 14 Uhr, London, Battersea Park. Ich sitze auf einer Bank und blicke auf den Teich und auf die Enten. Mein Baby, das mittlerweile sechs Monate alt ist, schläft vor mir im Kinderwagen. Die Sonne glitzert im Wasser, und man könnte es den ersten schönen Frühlingstag nennen. Ich blicke an mir herunter und sehe alte Turnschuhe und eine neue Fleecejacke. Ich hebe meinen Kopf und fühle die Herpescreme um den Mund.

Anderthalb Jahre zuvor, hochambitioniert mit dem One-Way-Ticket in London landend, wäre ich noch jede Wette eingegangen, dass ich an einem Tag wie heute gerade von einem fancy Lunch mit internationalen Kollegen und Kolleginnen kommen würde. Irgendwo auf der Oxford Street, im Kopf den vorgeplanten Abend. Ich meine, Leute, es wäre London Fashion Week und Hallo, natürlich arbeite ich für die Vogue.

Wenn ich mich an so einem Freitag betrachten würde, wären da keine Jogginghosen, sondern schwarze Strumpfhosen, ein royalblaues Chanelkostüm und goldene Jimmy Choos. Mein Businessenglisch wäre natürlich fließend, da wäre ich auch stolz drauf, schon sehr geil von mir. Am tollsten wären natürlich meine zahlreichen neuen Freunde und Freundinnen, die ich in der kurzen Zeit gesammelt hätte –

alle ganz schicki und international, ging auch ganz schnell und sind immer für mich da.

Eine Wolke schiebt sich vor die Sonne. Bei der Vogue hat bisher kein Schwein von mir gehört. In meinem Leben, das nicht aus Catwalks und Pressereisen, sondern aus Krabbelgruppen und Familienzentren besteht, fällt das aber zum Glück niemandem auf. Die Male, die sich im letzten halben Jahr jemand nach meinem Berufsleben erkundigt hat, kann ich an einer Hand abzählen. »Ich bin eigentlich Chefredakteurin. Also, äh, ich hatte mal mein eigenes Magazin. Jetzt bewerbe ich mich gerade, also, mal schauen.« Eine Nachfrage nach meiner dahingenuschelten Antwort gab es nie.

Im letzten halben Jahr sollte ich in viele verschiedene Ärzteformulare meinen Beruf eintragen. Meistens schreibe ich »Journalistin«. Kommt oft ein »Aaaah, was schreiben Sie denn?«. Dann sag ich, »Elternzeug«. Das Gespräch verstummt.

Einmal schreibe ich in das Berufsfeld »Armdrückweltmeisterin Ko Pha-ngan 2013«. Auch wenn es mir damals peinlich war, so haushoch zu gewinnen, bin ich heute ein bisschen stolz, so stark zu sein.

Das nächste Mal schreibe ich »Geigenlehrerin«, damit der Arzt erkennt, dass mein gebrochener Finger gerettet werden muss. Ich frage ihn, ob er es gelesen hat. »Machen Sie das denn professionell?« Ich schaue ihn irritiert an. »Na ja, Sie sind ja nicht Paganini, oder?« Nein. Aktuell kümmere ich mich um mein Baby und habe ein paar redaktionelle Aufträge, mehr so Taschengeld, das willst du doch hören, du Arsch?! »Ich hätte Ihnen das Gleiche empfohlen, wenn Sie ›Hausfrau‹ geschrieben hätten.«

Es ist meine erste Babyzeit, und ich weiß nicht, wie es konkret beruflich weitergeht, wann ich ihn eingewöhnen soll, obwohl ich gerade gern zu Hause bin, was wir konkret so anstellen wollen mit unserem Life. Bisher hat uns das nicht davon abgehalten, hier einen auf Familie zu machen. Doch seit die Verknalltheitsphase von dannen gezogen ist, stellen sich bei mir erste Zweifel ein.

Bäm, ist er da – der Wunsch nach Absicherung so generell und nach Verwirklichung fern vom Mami-Alltag. Da kann ich mir noch so oft einreden, dass es ein Geschenk ist, dass ich mich gerade nicht wegen einer Vollzeitstelle vierteilen muss.

Die Realität ist: Mein Mann zahlt in die Rente ein, während meine Karriere Pause macht und ich auf unser Kind aufpasse. Kein Traumjob wartet auf meine Rückkehr. Damit mir das nicht eines Tages zum Verhängnis wird, muss ich jetzt etwas tun.

* * *

In England kostet Kinderbetreuung ab 1200 Euro aufwärts im Monat. Arbeiten muss sich also wirklich lohnen. Was soll ich machen, was mich so begeistert, dass ich mein Baby für diesen stolzen Preis abgebe? Mein Schreiben sichert in London ganz sicher keinen Kitaplatz.

Es würde so unglaublich naheliegen, einen Mummyblog zu starten oder YouTube-Mum zu werden. Eine Mutter aus dem Baby-Yogakurs hat mit den täglichen Fotos von ihrem Kind binnen drei Monaten 25 000 Followerinnen generiert und bekommt dauernd irgendwelche Produkte, die sie für viel Geld bewerben soll, nach Hause geschickt. Das Baby sieht zwar auf jedem Bild mega-genervt-maulig-kurzvo-richschreigleich aus, aber die Mutter strahlt gestylt in die Kamera. Wenn man von 100 Bildern täglich eins zum Posten raussuchen und den entsprechenden Beitrag dazu texten muss, um danach im Sekundentakt auf Aktualisieren zu

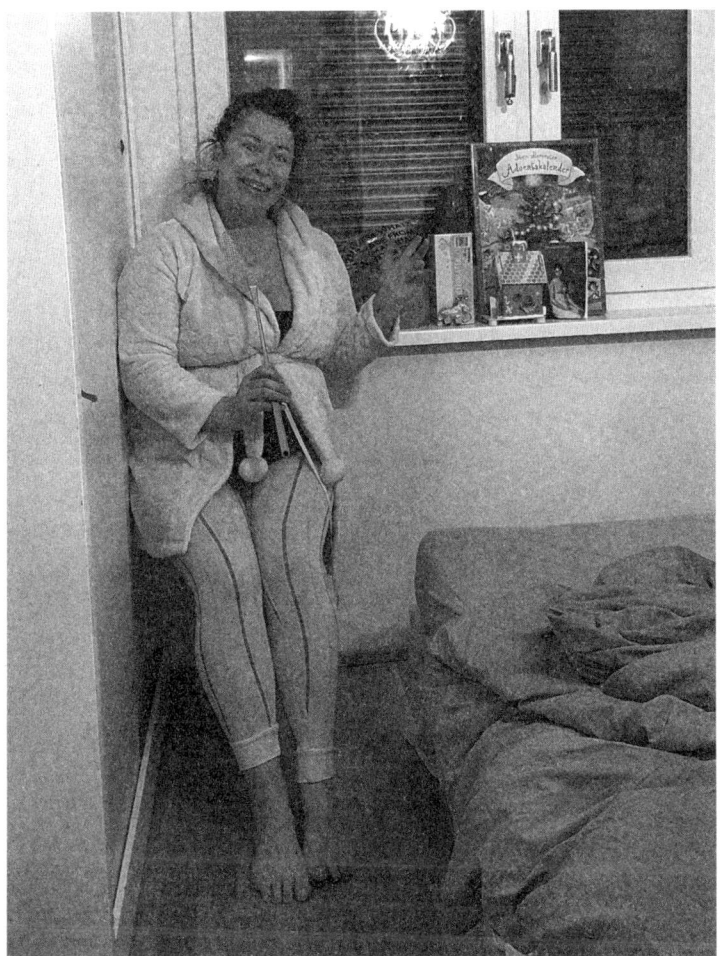

Fünf Jahre später: »Hey du Liebe, schön, dass du da bist! Ich bin Uschi, 35, und verheiratet mit dem lieben Mike-Jürgen. Zusammen haben wir neun Kinder und nehmen dich mit in unsere buntgemischte Welt voll achtsamen Mamaseins, veganer Brüste, nachhaltiger Hängebäuche und – nicht zu vergessen – Interior. Schreib mir gern, ob du eine Room-tour magst – dann create ich das mal. Jetzt würde ich gern noch deine. Kommentare zurückherzen, bitte vergiss nicht, alle deine Freunde zu markieren.« #instamummy#ilovemyfamily#hilfebitteholtmichab#werde ichindiesemlebenirgendwannnochmalmeinemumuvonobensehen

drücken, um zu checken, wie viele Likes der Post bekommt, kann Elternzeit auch schnell rumgehen.

Ich verstehe alle, die dieses Phänomen für sich ausnutzen, um damit Geld zu verdienen. Aber ich würde im Strahl kotzen, müsste ich mich parallel zum Windelnwechseln-Stillen-Aufräumen-Wäschewaschen-Irgendwas-zum-Essen-organisieren-Baby-in-den-Schlaf-Schuckeln selbst dabei filmen und von meinem belanglosen Tag erzählen. Das will doch nun wirklich niemand sehen.

Die Sonne kommt raus, mein Hase und ich haben Hunger.

Zu Hause schaue ich südamerikanische Sitcoms und brate mir mein Highlight des Tages – zwei Spiegeleier, schön angerichtet auf Avocadobrot auf dem Lieblingstablett, das nach Kuba und Urlaub aussieht, mit Blumen drauf.

Ich erkenne, dass die Träume in meinen Zwanzigern ambitioniert waren und ihr Nicht-Erreichen in dieser Lebensphase nicht das Ende der Welt bedeutet. Der Druck, langfristig etwas Krasses zu reißen, ist raus.

Für die Krabbelgruppe nehme ich mir vor, falls die »Und was machst du so«-Frage noch mal aufkommt, zu antworten: »Ich bin Mama und schreibe gern, und alles andere wird sich ergeben.«

Beim nächsten Arztbesuch mache ich einen Strich im Feld »Beruf« – es wird das netteste Gespräch von allen.

USCHIS WISDOM

Die berufliche Sinnsuche nach der Elternzeit kann einsam machen, zermürbend sein und sich in die Länge ziehen, bis man wirklich wieder ankommt. Es ist unheimlich schwer, mit einem kleinen Tiger, der 24/7 um einen herumscharwenzelt, in dem Dschungel an Verpflichtungen und Möglichkeiten wieder seinen beruflichen Weg herauszufinden.

Egal, was du machst, was du dir für dich wünschst, ob du die Richtung noch nicht weißt oder der aktuelle Plan nicht ganz aufgeht - Träume können sich ändern. Alles kommt zu seiner Zeit. Es ist immer okay, wenn man genau das abliefert, was man aktuell geben kann.

6

DANCEFLOOR

Mein erstes Wochenende als neue Mama ohne Baby verbringe ich neun Monate nach der Geburt. Zehn Freundinnen aus Deutschland reisen nach London, um 48 Stunden die Sau rauszulassen.

Das Outfit rauszusuchen, ist bereits eine Qual, alles sieht aus wie achter Monat. Ich schnüre mir ein dehnbares Wickelkleid um und drücke mit der Nagelschere ein neues Loch in den Gürtel, der eine Taille quetschen soll. Wem will ich etwas beweisen? Neil Youngs »It's better to burn out than to fade away« schießt mir durch den Kopf. Früher war definitiv mehr los, aber hey.

Ich bin spät dran, schaffe es nicht mehr, meine Nägel zu machen. Versage schon beim Gesicht Anmalen. Versuche, mir künstliche Wimpern anzukleben und reiße sie direkt wieder ab. Der Scheißkleber bleibt natürlich drauf. Mein Sohn ist sehr kompatibel und lässt mich im Bad mein Ding machen. Ich muss danach nur aufräumen und ihm zwischendrin zehnmal die Klobürste aus der Hand nehmen.

Zwei Stunden später, Mann und Baby noch einmal winkend, reise ich unfrisiert, dafür mit drei U-Bahnen statt einem Taxi, durch die halbe Stadt.

* * *

Long story short: Die mit Kindern waren sofort sturzbetrunken. Es brauchte viele Gläser Prosecco, bis der Mut da war, das enge rote Kleid zu tragen, und der Impuls verschwand, zu Hause anzurufen, um zu fragen, ob sie mich nicht brauchen.

Die im roten Kleid schaffte es trotz Komplexen auf die Tanzfläche. Mit nicht so natürlichen Bewegungen wie vor den Kindern, als solche Nächte noch normal waren. Ich weiß noch genau, wie es sich in dem Moment angefühlt hat. Das Gefühl, nicht zu wissen, wohin mit seinen Händen. Wenn da plötzlich kein Baby zum Halten, Füttern, Herumtragen ist. Oder das Telefon, um anderen per Scrollen beim Leben zuzuschauen. Und als ich irgendwann reinkam in die so lange nicht gespürte, mir so lange zurückgewünschte Leichtigkeit, und es wirklich fühlte – mal nicht für irgendwen verantwortlich zu sein –, da war's auch schon wieder vorbei.

Fünf Jahre später, während ich dies schreibe, habe ich alkoholfreien Gin im Kühlschrank, das rote Kleid passt meinem rechten Bein, wenn es Glück hat, die Heels habe ich verschenkt und sieben der zehn Freundschaften existieren nicht mehr.

7

ABENDESSEN

Ich stehe in der Küche, vor mir eine Schüssel Kartoffeln, der Peeler quietscht, es tut in den Ohren weh. Unser Sohn öffnet die Schubladen. Plötzlich geht die Tür auf. Ganz vorsichtig. »Uuuund, wie ist der aktuelle Stand?« Ich gucke ihn fragend an. »Sind die Dämonen, also, die Hormone ... Ist das vorbei?«

Mein Zyklus beschert mir seit der Geburt mehrere Tage im Monat hormonell bedingte Komplettausraster. Ich habe mich so lange so dumm gefühlt, so schwach, so Verdammt noch mal, was ist los mit mir? Wer will mich hier eigentlich verarschen? Was läuft hier falsch? Bis ich angefangen habe, den Zusammenhang zu sehen.

Es dauerte keine drei Monate nach der Geburt, bis sich mein Zyklus wieder gemeldet hat. Seitdem habe ich zwei Wochen vor Blutungsbeginn mit Stimmungsschwankungen und Tiefs aus der Hölle zu tun. Meine Hormone haben mich brutal im Griff. Mit den allerschlimmsten Gedanken, Zusammenbrüchen, Heulkrämpfen, mit Verletzlichkeit, Panik. Nichts davon ist steuerbar. Ich verstehe nicht, wo es herkommt, nur, dass ich mich komplett hilflos fühle. Die Gynäkologin meint, das sei normal. Ist mir egal, ob das normal ist, wer kann so leben?! Eine Weile habe ich gedacht, es wäre eine eigenartige Version postnataler Depression oder ich hätte eine mentale

Krankheit entwickelt. Ich habe mir Hilfe gesucht in Form von Psychotherapie. Aber es bringt alles nichts.

Wenn der Partner das gar nicht nachempfinden kann. Wie erkennt er, dass das, was er gerade gesagt hat, in Zyklusworld ein persönlicher Angriff ist? Muss ich mir Blut aufmalen und überall am Körper Wunden faken? Muss ich ganz schlimm husten und Fieber simulieren? Wie können Zustände ernst genommen werden, bei denen man von außen kein offensichtliches körperliches Leiden erkennt?

Ich schnippele Gemüse, haue es in die Pfanne und weiß dann wie so oft nicht, was ich damit machen soll. »Denkste an die Auberginen?«, ruft mir mein Mann von zwei Zimmern weiter in seiner Liebessprache zu. Er stellt es sich bestimmt richtig schön vor, wie daheim ein Festmahl entsteht. So richtig gekocht, zwei Stunden, gut gewürzt, alles geschmacklich eingezogen, auf den Punkt. Tja, falsch gedacht. Ich habe ihm direkt zu Beginn unserer Beziehung gesagt, dass ich nicht kochen kann. Nicht kochen will. Ich will Geld verdienen, um jemanden dafür zu bezahlen. Und wenn ich die Erste und Letzte aus meiner Familie bin, die das schafft. Oder daran scheitert. Ich will es zumindest versuchen.

Bevor es eskaliert, schicke ich ihn erst mal mit unserem Baby raus. Ich mache Grey's Anatomy an, heule genüsslich dabei und schnippele noch ein paar Karotten. Gerade als ich mit den Scheiben »alles Fotzen« auf einem Teller dekoriere, geht die Tür auf. Es ist, wie jeden Tag seit ich Mutter bin, eine schöne Erfahrung, etwas anzufangen, ohne es beenden zu können.

Ich schnappe mir meine Jacke, hier wird heute keiner essen. Eine halbe Stunde später sitzen wir im Restaurant.

Die Kinder vom Nachbartisch lachen, schreien, schubsen sich über den Gang. Unser Sohn quietscht vor Freude und taumelt Richtung weißer Tischdecke mit schönem Gedeck drauf. Mir stehen die Haare zu Berge, beim Versuch, ihn zu schnappen, verliere ich die Balance und plumpse nach hinten, der Periodenschlüpper besteht den Actiontest mit Bestnote. Der Kellner meint, das sei wundervoll, Kinder seien das Schönste, wir sollten entspannen. Ich schaue an mir herunter, zumindest habe ich schöne Hausschuhe an.

USCHIS WISDOM

Menstruationsspaß

1. Das Wichtigste zuerst: Wenn du unter deinem Zyklus leidest, ist das kein Zustand, weder für dich noch für die Familie. Du bist es wert, dass nahestehende Menschen deinen Leidensdruck verstehen.

2. Es braucht klare Ansagen an die PartnerInnen: Was brauchst du in dem Moment? »Bitte nimm mich in den Arm« oder »Kümmere dich bitte um XY, ich kann das gerade nicht.«

3. Erkläre, wie es dir geht: »Ich bin heute sehr dünnhäutig. Bitte nimm mich ernst. Verzichte auf Sprüche oder Witze.«

8

MAMAS

Ich würde gern ein Babytagebuch für mein Kind schreiben wie Alma. Aber irgendwie kann ich mich dazu nicht durchringen. Dafür hat Alma in der Schwangerschaft geraucht.

Wat macht man sich das Leben als Mutti schwer, wa? Was wohl die anderen sagen? Wie es die anderen machen? Wie lange schon und wie oft will ich alles wissen von den Frauen, die gerade neben mir ihr Kind versorgen.

Wenn man neben den Muttis auf dem Spielplatz abends noch die Online-Muttis abklappert. Ach, guck, das gibt's bei der zu essen, schau mal, die haben ja viel Coupletime. Die trennen sich ja friedlich, ach, so ein Buch schreibt die, oh, wieder schwanger, guck mal, läuft bei der.

Ich hätte nie gedacht, dass andere Mütter mehr Einfluss auf mich haben würden als *Promiflash*.

Wenn man denkt, dass alle Mamibloggerinnen in einer riesigen Altbaubude mit Parkett und 100-Prozent-Baumwoll-Tipi für Klein-Matilda leben und nebenbei erfolgreich Start-ups aufbauen, die Partner auch selbstständig – logisch –, und so »teilt man sich schön die Aufgaben«.

Was ich nicht mag, ist, dass ich mich so oft einschüchtern lasse von anderen Muttis. Frauen wollen so viel – von sich, von anderen. Mütter erst recht. Ich vermute, weil wir so viel zu geben haben. Oft meinen, viel anbieten zu müssen. Das Leben als Mama wird 24/7 von Liebe und Sorge begleitet. Mamas müssen täglich auf sämtliche Ereignisse reagieren, die nicht wirklich in ihren Ablauf passen, obwohl schon die regelmäßigen Verpflichtungen den Tag sprengen. Sie müssen spontan sein, um alle bei Laune zu halten. Organisieren, damit es weitergeht. Weil wir nie aufgeben dürfen, so sehr wir es auch manchmal wollen. Weil viel zu viel daran hängt.

Man wird immer Mamas treffen, die reicher, attraktiver, erfolgreicher, intelligenter und lustiger sind als man selbst. Vor allem auf Instagram. Nicht so oft im echten Leben, meiner Meinung nach, das kommt einem zumindest so vor, wenn man in der S-Bahn mal in Ruhe den Blick schweifen lässt. Kinder wollen geliebt werden. Die überirdische Erwartungshaltung ihrer Mütter kümmert sie einen feuchten Dreck.

Ich glaube aus tiefstem Herzen, dass es uns Mamas besser gehen würde, würden wir untereinander mehr von uns teilen.

Dann bleibt die neue Mama in der Spielgruppe, die plötzlich die Geduld mit ihrem Kind verliert und immer lauter wird, keine Fremde. Vielleicht hat sie sich Anschluss erhofft, weil sie seit dem Umzug in die neue Stadt keine Nacht mehr durchgeschlafen hat. Und jetzt sitzt sie hier, obwohl ihr nach Heulen zumute ist, und keine spricht mit ihr.

Dann wird aus der Mama des Beißkindes, die so ignorant erscheint, weil sie nie grüßt, obwohl sie nur zwei Blocks weiter wohnt, keine Ignorante. Vielleicht hat sie bis heute keinen Therapieplatz für ihr Kind bekommen, stottert und schämt sich deshalb oder ist einfach nur überfordert und kann ein Lächeln gebrauchen.

Dann empfinden wir die neue Bekannte, die extrem unflexibel ist und nie Zeit für uns hat, nicht mehr als uninteressiert, weil wir wissen, dass sie zu jeder Schlafzeit ihres Kindes zu Hause sein muss, dass sie seit langem mit einer Depression zu kämpfen hat und sie die kurze Zeit dringend für sich allein daheim braucht.

Dass wir alle unfassbar großartige Granaten sind, die unheimlich viel rocken und dabei noch gut aussehen, ist doch offensichtlich. Und dass wir es alle nicht leicht haben. Oder nicht? Das muss vielleicht öfter gesagt werden, damit wir nicht mehr so tun, als hätten wir alles im Griff.

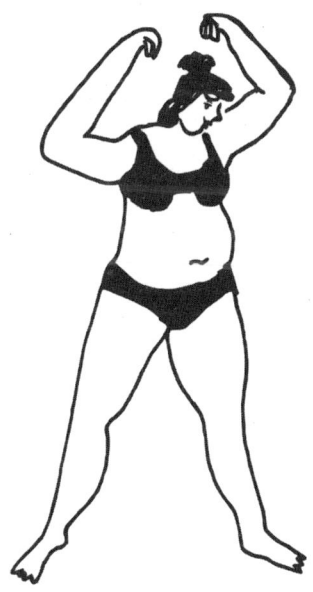

USCHIS WISDOM

Empathische Mütter for President

Manchmal fehlt es an Empathie und Feingefühl. Dann fühlt man sich allein, weil scheinbar niemand die eigenen Sorgen teilt. Wenn man im Morgenkreis in der Krabbelgruppe die einzige Mutter mit aktuellen Beschwerden ist, bei den anderen ist immer »alles gut«. Oder wenn man ins Gespräch kommt auf dem Spielplatz und von schlaflosen Nächten erzählt, die andere nur kurz mit den Schultern zuckt, ihr Kind will angeblich immer spätestens um 17.30 Uhr ins Bett, und dann wegschaut.

Manche stellen in der Öffentlichkeit gern alles positiv dar. Da muss man auf die Nebensätze und Zwischentöne achten. Oder verstehen, dass die Frau gerade nur eine Methode wählt, die sie davor bewahrt, öffentlich zusammenzubrechen. Nicht alle können heulend durch den Supermarkt rennen oder laut »Scheiße« rufen.

Ein freundliches Wort oder ein Lächeln kann einer Mama, die die Fassung verliert, Hoffnung machen, ein schmerzhaftes Gefühl lindern und einen miesen Tag zu einem guten machen.

9

FEIERABEND

Ich habe immer gedacht, wir sind dieses eine Paar, dem das nie passieren wird. Und jetzt ist er da, mein persönlicher Albtraum – und mein Mann kann sich freuen, wenn ich mir die Beine rasiert habe.

Unser Liebesleben ist zwar noch existent, aber all das, was es vor dem Kind war – wild, spontan, lang, laut, hell, gleich noch mal –, ist es nicht mehr. Dass ich Strapse getragen habe, scheint in einem anderen Leben gewesen zu sein. Mehr als zwei Stellungswechsel oder eine zweite Nummer hinterher, ein anderes Universum. Als vor einer gefühlten Ewigkeit, während einer der täglich stattfindenden, zahlreichen, leidenschaftlichen Ineinanderverrenkungen unser Sohn entstand, konnten wir der Ärztin danach kein Empfängnisdatum nennen. Heute betrachte ich es im Bad als Erfolg, wenn ich es schaffe, Gesichtshaare zu entfernen, obwohl ich eigentlich davon träume, mir die Muschi zu rasieren, aber Kacke, Mist, das Baby, das mittlerweile gar kein Baby mehr ist, schreit.

Im Vergleich mit anderen Freundinnen bin ich zwar froh, dass wir überhaupt noch Bock aufeinander haben. Aber es war definitiv vorher einfacher zwischen uns, was Sex betrifft. Es passierte öfter. Dass ich dabei hätte sterben können, weil es so schön und geil und lebendig war, liegt in der Vergangenheit.

Ich dachte, dass zwei, die sich im Urlaub kennenlernen und danach so oft es geht zwischen England und Deutschland hin- und herfliegen, um das komplette Wochenende miteinander im Bett zu verbringen, dass solche zwei das für immer haben würden. Oder nicht? Wenn ich jetzt ins Wohnzimmer komme, weiß ich meist schon, dass ich mich nicht wie früher auf ihn draufsetzen, sondern Westworld den Vortritt lassen werde.

Das sind doch nicht wir, die zwei, die sich da am Abendbrottisch – der Fußboden voller Essensreste, die unser Einjähriger beinahe genüsslich hinunterschmeißt –, zwischen dem Einräumen des Geschirrspülers und dem Erstellen der Online-Shoppingliste »Später Sex?« zuraunen. »Ja.« »Ok.« Und die dann, wenn der Kleine schläft und die Serie geschaut wurde, im Schlafzimmer das Licht ausmachen, unter der Decke ein paar verklemmt-nervöse Sprüche wechseln und nach einem zehnsekündigen Vorspiel die immer gleiche Nummer durchziehen. Das müssen Roboter sein. Oder langweilige Arbeitskollegen. Aber doch nicht wir! Will Smith aus London und Beyoncé aus Sachsen.

Scheiße, aber wir sind es. Ich bin jetzt die Frau, die die fruchtbaren Tage genau im Blick hat, beim Sex im Kopf Einkaufslisten schreibt und Playdates für unseren Sohn plant. Und sich wundert, dass sie nicht mehr kommt. Hab ich meiner Freundin, die mir ein Kuscheltier für den Kleinen vorbeigebracht hat, schon geschrieben, wie sehr ich mich gefreut habe? »Heute Abend Sex?«

USCHIS WISDOM

(No)Sexüberlebensstrategie

1. *Es ist normal, dass man seinen Partner noch liebt, ihn aber seltener begehrt. Wir können verdursten, verhungern, sogar an Schlafentzug sterben. Aber man kann nicht daran sterben, nicht flachgelegt zu werden.*

2. *Wie lange es nach der Geburt okay ist, keinen Sex zu haben, entscheidet jede(r) selbst.*

3. *Egal, wer von beiden weniger Bock hat – es gehören immer zwei dazu. Und diese zwei können reden.*

4. *Am besten erst mal für sich festhalten, bevor man miteinander spricht: Was möchte ich – mehr Sex oder weniger? Mehr Spannung, andere Moves oder mehr Akzeptanz dafür, dass ich es (aktuell) nicht vermisse? Was hemmt mich? Was ist heute anders? Was hat mich früher gereizt, was heute nicht mehr sichtbar ist?*

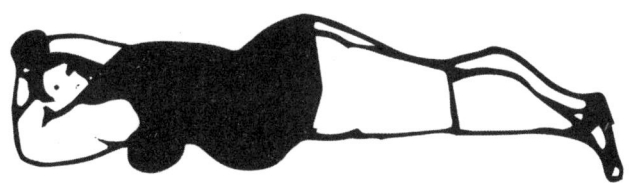

5. Um miteinander über schlechten Sex reden zu können, braucht es Mitgefühl und gegenseitiges Verständnis. Was ist für ihn/sie womöglich anders als früher, und wie wird es ihm/ihr damit gehen? Was sind wohl seine/ihre Bedürfnisse? Falls man es schafft, Antworten auf solche Fragen zu bekommen – lieber nicht dazwischenreden, sonst schließt sich vielleicht eine Tür, die es später braucht.

6. Für guten Sex müssen sich beide begehrt fühlen, dafür muss das eigene Selbstwertgefühl jedoch meist erst mal wieder aufgebaut werden. Leichter gesagt als getan. Komplimente können helfen (»Wenn du vom Fußballtraining kommst, bist du immer so glücklich« oder »Als du mit deinen Mädels losgezogen bist, sahst du krass sexy aus.«).

7. Störfaktoren prüfen: Könnten es hormonelle Gründe sein (z. B. Lustlosigkeit durch Pille)? Oder zu hohe Erwartungen (lohnt sich der Vergleich zum frisch verknallten Sex mit 24 oder setzen wir besser heute gemeinsam neu an)? Ist es der Anblick seiner Socken auf dem Schlafzimmerboden, der meine Muschi eintrocknen lässt, oder liegt es daran, dass er mit seinen Fingern direkt zwischen die Beine wandert, anstatt erst mal meinen restlichen Körper zu erkunden?

8. Zahlen auf den Tisch: Manche freuen sich, wenn es einmal im Monat rumst, für andere ist das ein Zeichen für ein ernsthaftes Eheproblem. Trefft euch in der Mitte, klärt eure Richtlinie, haltet sie schriftlich fest, nagelt sie an die Wand (»In diesem Haus gibt es 2023 noch 20-mal Sex«).

9. *Klärt abwechselnd, was euch antörnt: z. B. die Füße mas-siert oder den Kopf gekrault bekommen. Ein Playdate mit anderen Eltern, um festzustellen, dass der oder die eigene Partner/in viel interessanter ist. Wenn er/sie sich die Kin-der schnappt, damit man selbst mal Ruhe hat. Wer es rich-tig machen will, schreibt, während der oder die andere davon erzählt, mit.*

10. *Die Vorstellung, zwischen Einschlafbegleitung und Tat-ort schauen Sex einzubauen, klingt eher danach, was es ist: eine Vorstellung. Besser ein Wochenende zu zweit im Hotel planen. Gern könnt ihr vereinbaren: »Bis dahin nicht küssen« und zum Abschluss des Gesprächs erfolgt der letzte Kuss.*

10

HINDERNISSE

Freitagabend, mein Mann ist mit Kollegen aus und mein Kleiner schläft, sein Bettchen wie jeden Abend ignorierend, friedlich in meinem Arm. Ich nehme das Stillkissen und forme eine kleine Insel in unserer Bettmitte, lege ihn ab, öffne den Laptop und sehe diesen französischen Film von Julie Delpy. Eine große französische Familie – alle laut, alle Querköpfe, alle durcheinander, Schläge, Essen, Regen, alte Omas, schachspielende Männer, meckernde Frauen.

Heute Morgen: ein dicker einzelner Strich auf dem Schwangerschaftstest, der ein zweites Baby zumindest in diesem Zyklus ausschließt.

Seit wir vor wenigen Wochen beschlossen haben, wieder schwanger zu werden, werden wir bisher nicht mehr schwanger. Außer, dass ich mich jedes Mal schwanger fühle, ohne es zu sein.

Freitagabend, ich sehe diesen französischen Film und denke an meine Kindheit. Zehn Enkel und Enkelinnen, die bei der Oma mit den langen, dunklen, geflochtenen Haaren wöchentlich aufeinandertreffen, Geburtstagsfeste im Garten mit der Hollywoodschaukel und dem großen Apfelbaum, nackig baden im See, Männer auf dem Fußballplatz, Frauen, die den Tisch decken, meine Cousins und Cousinen und ich, die sich auf der Wiese prügeln, die Kumpels meines Opas, die mit Bier bedient werden wollen, der Playboy-Kalender in der Garage, auf den wir heimlich mit Dartpfeilen zielen, das Luftgewehr, die Wiese, das Blumenbeet, die Tanne vor der Tür, die immer größer wird, die Schlumperklamottenkiste für die Kinder zum Verkleiden, die Katzen, der Sandkasten, die klapprigen Fahrräder aus der Scheune, die Hühnersuppe, der alte Holzschlitten, der modrige Dachboden, die Kletterausflüge, Paddeln auf dem Fluss, Inlineskaten entlang des Ufers, Herumstreunen im alten Pionierhaus, die Bude im Hinterhof. Die Wiese, die Wiese, die Wiese.

Ich sehe diesen französischen Film und denke an die letzte Zeit. Die Wochen, vollgepackt mit dem neuen Job, und unser Hase zwei Tage in der Woche bei seiner Tante. Wie dieses Kontrastprogramm mich anfangs umgehauen hat, gepaart mit dem schlechten Gewissen. Überall nur ein Teil. Nirgendwo ein Ganzes.

Ich sehe diesen französischen Film und habe Angst. Das Träumen von »Dann, wenn wir zu viert sind« – wann ist das? »Bei uns wird es laut und lustig, wie wir es immer haben wollten«, haben wir zum ersten Geburtstag unseres Sohnes gesagt. Zyklus um Zyklus verstreicht seitdem und nichts passiert. Ich überlege, ob mein Körper mich verarschen will, weil ich diesen Zombie, den der zweite Kinderwunsch aus mir macht, nicht kenne. Ich will kein Zombie sein, ich will ein zweites Kind.

Ich denke an den Abgang vor meinem Sohn vor zwei Jahren. Als ich mich wie ein verletztes Tier zurückzog, um mich darauf vorzubereiten, was passieren wird. Dass sich etwas eingenistet hatte, wusste ich. Der Schwangerschaftstest bestätigte es. Doch das Bauchspannen einige Wochen später war dem Periodenschmerz zu ähnlich. Über Tage spannte mein gesamtes Becken, als wollte ich etwas herauspressen. Etwas, was sich nicht weiterentwickelt hatte, was da schon nicht mehr hingehörte. Mein Mann flehte mich damals an, zu versuchen, meinem Körper zu vertrauen. Dass der wisse, wie was zu regeln sei und was er vorhabe und wir nichts tun könnten, außer abzuwarten.

Alle, die schon mal eine Schwangerschaft verloren haben, wissen, dass Zureden in dem Moment nichts bringt, egal, wie gut gemeint es ist.

Ich weiß noch, wie die App damals anzeigte, das Herz würde zu diesem Zeitpunkt sichtbar schlagen. Ich war verunsichert, weil der Arzt nichts sehen konnte und die Hormonwerte für den Zeitpunkt niedrig waren. Glaubte aber daran, dass sich das Baby einfach nur versteckte.

Hat es nicht. Es folgten Tage der Unsicherheit, ob ich mich von der Schwangerschaft verabschieden oder ob ich daran festhalten, mir selbst gut zureden sollte, dass es bleiben würde. Bei jedem Toilettengang erwartete ich den Abgang.

Nachdem ich es verloren hatte, fuhr ich allein mit 180 km/h über eine Landstraße und beerdigte das verlorene Gewebe im blutdurchtränkten Taschentuch im Wald – Weinkrämpfe, den Körper durchschüttelnd, stundenlang laut schreiend. Als sich vier Wochen später mein neuer Zyklus meldete, verfluchte ich alles und jeden, wusste nicht, wo hinten ist, wo vorn. Seitdem nutze ich keine Schwangerschafts-Apps mehr.

Freitagabend, ich sehe diesen französischen Film und habe Panik, dass uns die Freude an unserem wundervollen gesunden Kind nicht reicht und uns die Sehnsucht nach und das Träumen von einem Geschwisterkind für ihn zermürbt. Ich will, dass wir viele sind. Ich will, dass mein Sohn, wenn er mal keinen Bock auf seine Eltern hat, mit seinen Geschwistern herumrennen kann, die ihn zwar zur Weißglut bringen, aber auf Trab halten.

Schon mit 16 habe ich manchmal meinen Bauch rausgestreckt, mit einer Hand gestreichelt und mich gefragt, ob jemals ein Baby darin sein würde, und es mir so sehr erhofft. Ich wusste wenig darüber, was ich wirklich wollte. Aber die Sehnsucht nach einer Familie, an beiden Händen Kinder, vielleicht noch vorn eins dran – die war schon immer da. Genauso groß war der Zweifel, ob das jemals eintreffen würde. Ich fand mich hässlich und nicht liebenswert und war felsenfest davon überzeugt, dass das ein Traum sei, der nur für andere bestimmt war.

Ich denke an meinen Schreibtisch im Kinderzimmer, auf dem ich überall kleine Notizen eingeritzt, unzählige Bilder gemalt, Geschichten aufgeschrieben, Kastanienfiguren gebastelt, Figuren geknetet, gefundene Dinge zusammengeklebt habe, während meine Geschwister um mich herumtollten. Müde klappe ich den Laptop zu, schlafe ein und träume von hundert lauten Kindern, die über eine Wiese rennen.

Freitagabend, viele Wochen später. Schlecht gelaunt knülle ich das Muffinpapier zusammen und gehe auf Toilette, um seit Wochen zum ersten Mal wieder auf einen Streifen zu pinkeln. Ich wasche mir die Hände, schaue in den Spiegel und betrachte meine müden Augen. Unser Sohn schläft, mein Mann repariert irgendwas, während in meinem Bauch etwas Minikleines Saltos macht.

11

ZWEIFEL

Mein Mann kommt von der Arbeit zur Tür rein, ich drücke ihm unseren Kleinen in die Hand, schnappe mir meine Yogamatte und laufe zum Yogaschwangerschaftskurs.

Zehn Frauen liegen auf dem Boden, die Augen geschlossen. Ich höre die Stimme der Kursleiterin, die mit uns eine Körperreise macht. Bei mir setzt statt Tiefenentspannung im Kopf ein Zweifeln ein. So sehr haben wir uns das zweite Baby gewünscht, aber irgendwie ist von Beginn an der Wurm drin, und wir streiten viel.

»Ihr müsst über eure Probleme reden.« »Nehmt euch Zeit zu zweit!« Wie oft man diese Ratschläge hört. Erst wenn es fast zu spät ist, weiß man, warum Leute, die meistens schon ältere Kinder oder eine Scheidung hinter sich haben, genau das empfehlen.

Die Stunde ist vorbei, die Ladys rollen ihre Yogamatten zusammen und jede zieht in ihre Richtung davon.

Ich mache bedrückt die Haustür auf. Das Bedürfnis, ihn zur Begrüßung auf den Mund zu küssen, hatte ich schon seit Monaten nicht mehr, umgekehrt bemerke ich es nicht anders.

Ich lasse mir ein Bad ein, wie so oft, wenn alles endlich schläft, er kommt rein, ein kurzes Hallo, geht wieder raus. Wir haben uns den ganzen Tag nicht gesehen, aber keiner von uns scheint den Wunsch nach Austausch zu haben. Ich kann gar nicht sagen, wie beschissen sich das anfühlt. Wir waren verknallt, dann schwanger, jetzt sind wir Eltern und wieder schwanger. Ist es so – das Leben als Familie?

So vieles, was mich andauernd stört. So oft so leer, mein Kopf, und so ernüchtert. Im Bauch turnt mein zweites Baby und im Bett schläft sein Bruder und ich weiß nicht mehr, ob ich den Vater dazu liebe. Stürze ich mich ins Glück oder ins Unglück? Muss ich mir noch irgendetwas beweisen? Ich komme mir bedeutungslos vor. Verjährt, irgendwie. Soll das alles sein?

Vor wenigen Tagen bin ich 31 geworden. Ich streichle meinen Bauch, in dem seit zwanzig Wochen ein Baby turnt. Meine Woche besteht aus Familienzentren, Playgroups und Kirchenkrabbelgruppen. Wenn ich auf deutsche Au-pairs in den Playgroups treffe und sie mich fragen, »Und, wie lange leben Sie schon in London?« und ich »Seit über drei Jahren« antworte, setze ich oft verzweifelt grinsend hinten dran: »Seit ich hier bin, bin ich nur schwanger«. Ich höre meine Stimme dann wie von ganz weit weg und bin von Ton und Inhalt gelangweilt. In England siezt man sich nicht, aber wenn sie könnten, die »jungen Leute«, dann würden sie. Im Nachttisch fand ich letztens einen Zettel mit einer Zeichnung, die ich damals in Thailand am Strand gekritzelt habe. Ein Mann, eine Frau, Hand in Hand, in der Mitte drei Kinder. Ein Herzenswunsch, der auf dem besten Weg ist, wahr zu werden. Heute, mit Baby im Bauch und Einjährigem an der Hand, finde ich selten Zeit, Zettel hinaus ins Meer zu schicken oder zu schauen, wie es mir gerade geht.

Nachdem ich aus dem Bad komme, fragt er mich, ohne vom Handy aufzublicken, ob ich mich zu ihm setzen möchte. Möchte ich nicht. Ich könnte mich mit einem Lächeln danebensetzen, von meinen Gedanken erzählen, ihn fragen, wie sein Tag war. Aber ich will einfach nicht. Ich will Trommelschlag und Trompeten, wenn ich den Raum betrete.

Statt ihm sortiert und in Ruhe meine Zweifel mitzuteilen, zettele ich im Türrahmen stehend einen Streit über seine Handynutzung an und gehe danach frustriert ins Bett.

* * *

Zwei Monate später, ich bin bereits Ende des siebten Monats, düst ein Auto über die englischen Landstraßen. Wir hatten einen wunderschönen Tag mit Lachen, gutem Essen, Entspannung im Schwimmbad, einem Spaziergang an der Themse und spontanem Sex. Dafür musste ich mich nur davon überzeugen, dass es völlig okay ist, unseren Sohn auch mal bei seiner Oma abzugeben. Was so ein Ortswechsel auslösen kann. Zu Hause wollten wir nicht mal mehr einen Kaffee zusammen trinken gehen.

Wenn ich uns in dem Moment auf der Straße begegnet wäre, hätte ich gedacht: Die haben bestimmt gar keine Probleme, und bei denen läuft alles wie geschmiert. Hoffentlich wird das bei mir auch mal so sein.

Mein Mann streichelt mir im Auto über den Rücken, ich streichle meinen Bauch, wir suchen gegenseitig unsere Nähe. Wir sagen uns, dass wir uns lieben. Ich hätte in diesem Moment niemanden lieber an meiner Seite als ihn.

USCHIS WISDOM

Das zweite Mal

Es gibt drei Bereiche, in denen man als Frau ohne Humor verloren hat: Altern, Beziehungen und Schwangerschaft, wenn man bereits ein Kind zu Hause hat. Lass dich nicht irreführen von ordentlichen, funktionalen Wohnzimmern im Internet oder in sich ruhenden, durchschlafenden, sich mit sich selbst beschäftigenden Kleinkindern oder händchenhaltenden Paaren im Park. Ich zum Beispiel liebe es, auf Instagram anderen Müttern dabei zuzuschauen, wie sie zu Hause sämtliche Schubladen beschriften, je voller der Alltag wird, während ich meinen Kalender ignoriere und lieber Möbel verschiebe. Und ich finde es ganz normal, dass es beim zweiten Kind nicht so romantisch zugeht wie beim ersten, falls man das Glück hatte, einmal verknallt schwanger gewesen zu sein. So sehr man es sich auch wieder gewünscht hat – alles ist anders beim zweiten Mal.

12

BITCHES

Das erste Treffen der Teilnehmerinnen vom »Geburtsvorbereitungskurs für das zweite Kind« steht an. Ich habe diesen Kurs aus zweierlei Gründen gebucht: um mir nach dem Kaiserschnitt der tragischen ersten Geburt Hoffnung auf eine natürliche Geburt zu machen (long story short: rausgeschmissenes Geld, es wurde wieder einer) und um mir neue Mami-Freundinnen einzukaufen. Damit wir in ein paar Wochen alle gemeinsam mit Baby in der Trage unseren Kleinkindern hinterherrennen, beim Babyschwimmen stundenlang über Haushalt und Männer reden oder irgendwelche anderen bekloppten Sachen machen können, für die niemand von uns Zeit haben wird.

Seit Wochen steht der Termin auf dem Plan. Es kann sonst was kommen, ich werde meinen Hasen in den Wagen packen und wie eine Irre losstiefeln. Denn: Ich bin seit geraumer Zeit verzweifelt auf der Suche nach neuen Bitches. Nach Leidensgenossinnen, um dieses von mir selbst gewählte bevorstehende Abenteuer »Zwei Kinder unter zwei Jahren« zu teilen.

Viele reden vom Dorf, das es braucht, um ein Kind zu erziehen, das die wenigsten haben. Jetzt, wo das zweite unterwegs ist, scheint es höchste Eisenbahn.

Vor den Kindern hatte ich eine Mädels-Clique, die ich jeden Tag traf. Man schrieb eine kurze Nachricht und dann

saß man zusammen, hat getrunken und über Männer gesprochen. Als ich mit 28 das Land gewechselt habe, brach der
Großteil dieser Freundschaften weg.

Und dann sucht man und sucht man. Dann weiß man von
anderen Mamas, die sich treffen und dieses Freundinnener-
lebnis regelmäßig haben, und man kann sich so dermaßen
einsam fühlen. Ich habe so viele Blind Dates mit neuen Muttis gehabt und selten wirklich Spaß gehabt. In England verbringen viele Frauen die ersten drei Jahre der Kinder daheim
und mit anderen Müttern in Playgroups. Bei den horrenden
Kita-Preisen muss man zusammenhalten. Aber irgendwie
will es nicht klappen, ich komme nicht über den Small Talk
hinaus.

Auf dem Weg zum Kurs frage ich mich, ob man mir die Verzweiflung eigentlich ansieht – die auf dem Spielplatz gucken
in letzter Zeit so komisch. Vielleicht hole ich das Telefon
wirklich zu früh raus, um eine neue Nummer zu speichern,
und drei Sätze mit einer potenziellen neuen Bekanntschaft
sind nicht genug. Ich meine, wir haben immerhin beide eine
fette Kugel vorn dran und einen Schreihals vor uns. Das
muss doch ausreichen, um deine Nummer zu bekommen,
du blöde Kuh – oder nicht?!!

Beim Feiern weiß man doch auch gleich, ob man Bock auf
jemanden hat oder nicht, da braucht man sich nicht zwei
Stunden hinzusetzen, um über Beruf, Wertesystem oder den
Gemütszustand zu reden, da reicht ein kurzer Blick und man
weiß Bescheid. Ich fühle mich wie die letzte Eule im Club,
die keiner bumsen will und um die selbst die Besoffenen
einen Bogen machen. Oder die Einzige in der Reihe beim
Sport in der Schule, die keiner wählt.

Statt nach einem Tag auf dem Spielplatz wieder frustriert

allein den Heimweg anzutreten, gehe ich es diesmal also richtig an und werde meine neuen besten Freundinnen heute in diesem Kurs finden. Beim ersten Kind habe ich keinen besucht und es seitdem jedes Mal, wenn ich eine durch den Park joggende Meute Buggys sehe, bereut. Ich laufe aufgeregt wie beim ersten Date mit Make-up und geföhntem Haar mit Kinderwagen und Riesenbauch (36. Schwangerschaftswoche) über eine Stunde durch den Südwesten Londons. »Ich bin eine wunderschöne, intelligente, lustige, schlaue Frau und eine tolle Bereicherung für jede Mutter. Ich bin eine wunderschöne, intelligente, lustige, schlaue Frau und eine ...«

Wir sitzen zu acht in der Runde: sechs Hochschwangere, die Frau, die das Ganze leitet, und ein knapp Zweijähriger. Ratet mal, wer die Einzige ist, die ihren Sohn mitgebracht hat, weil sie sich keine Nanny leisten kann?

Nach fünf Minuten stelle ich entgeistert fest, dass ich sehr froh bin, dass er dabei ist, weil ich mich lieber mit ihm unterhalte als mit diesen Frauen. Eine langweiliger als die andere und das Gespräch der größte Krampf. Jetzt weiß ich, warum die den Kurs gebucht haben: Die haben da draußen definitiv auch niemanden.

Nach weiteren zwanzig Minuten steht fest: Die Chance, dass sich hier eine Freundschaft entwickelt, ist gleich Null. Ich glaube, ein Date außerhalb des Kurses könnte ich trotz meines Drangs nach einem Gruppengefühl nicht überstehen.

Auf dem Heimweg überlege ich, ob es an meiner negativen Grundeinstellung oder an meiner Recherche lag. Ich meine, »Geburtsvorbereitungskurs für das zweite Kind« – das sind Frauen, die wie ich ein zweites Kind erwarten. Die haben also auch schon eins zu Hause, das nerven kann, und jetzt wieder den fetten Bauch dran, der noch mehr nerven kann. Die MÜSSEN mich verstehen und wir dadurch beste Freundinnen werden. Müssen sie nicht.

Ich fange an, zu erahnen, dass Muttersein vielleicht das Fundament einer funktionierenden Freundschaft sein kann, aber ganz sicher nicht sein muss. Um meine neuen Bitches zu finden, braucht es für mich offenbar mehr. Vielleicht eine Bar und ein Glas Gin Tonic in der Hand. Zumindest bräuchte ich das gerade, um mich wieder wie ich selbst zu fühlen, damit meine irgendwo unter den tiefen Augenringen verborgene glitzernde Persönlichkeit den Rest für mich übernehmen kann.

Ein paar Wochen später wird sich das Problem in Luft aufgelöst haben. Ich werde Mutter von einem Kleinkind und einem Neugeborenen sein. Und ich werde null Zeit für Freundinnen haben. Nicht für die eine, die ich hier habe. Nicht für die aus Deutschland am Telefon. Und ganz sicher nicht für potenzielle neue. Was für ein Wirbel um nichts!

USCHIS WISDOM

Muttis and the City

Es ist nicht leicht, im Erwachsenenalter neue, feste, inten-
sive Freundschaften zu knüpfen. Manchmal ist es doof, dass
ich wegen der ganzen Umzüge nicht hundert Freundinnen
habe, die nebenan wohnen, die ich spontan abends treffen
kann, wenn ich das Bedürfnis nach Weiberkram habe, um zum
25. Mal über die Schuhe zu sprechen, die er nie in den Schuh-
schrank stellt, oder den Penis, den ich auf Netflix gerade besonders mag. Aber ich kann sagen, dass mir verschiedene
andere Mütter in verschiedenen Momenten gute Freundinnen sind. Die schönsten Zusammenkünfte sind die spontanen.
Wenn die Nachbarin ruft und zum Kaffee einlädt.

Sei nicht traurig, wenn du deine Crew noch nicht zusammen
hast. Was nicht passt, kann nicht passend gemacht werden.
Sie werden kommen. Spätestens eines Tages am Schultor.

13

LAVENDEL

Mamas, deren erste Geburt (unverhofft) mit Kaiserschnitt endete und für die bei einer erneuten Schwangerschaft ein geplanter Eingriff nicht infrage kommt, googeln früher oder später »Vaginalgeburt nach einem Kaiserschnitt«. Nicht mal zwei Jahre nach meiner ersten Geburt fülle ich die zweite Schwangerschaft also mit 100 Büchern, Hypnobirthing-Apps, Kerzen, Lavendel und Hassunichgehört. Der Wunsch, natürlich zu gebären, ist groß. Die Ärzte wollen aufgrund der vorangegangenen Geburt allerdings nichts riskieren und pochen auf die geplante Sectio.

Als ich auf dem Spielplatz ein bekanntes Gesicht aus der Spielgruppe treffe, die auch mit Anderthalbjährigem an der Hand und Kugel vorne dran unterwegs ist, erzählt sie mir von ihrem geplanten Kaiserschnitt. Sie wolle nicht noch einmal so ein Drama und denk doch mal an die praktische Planung. Ich kann das nachvollziehen, blicke sie ehrfurchtsvoll an, weil sie sich so sicher scheint. Ich bin mir so unsicher. Ich verstehe die Vorteile, aber »praktisch und geplant« kollidiert weiterhin mit meinem Grundverständnis einer Geburt.

Die Voraussetzungen bei der ersten Geburt waren nicht ideal: keine Senkwehen, keine Öffnung des Muttermunds trotz Einleitung und starker Wehen, ein Körper, der mit hohem Blutdruck und fortschreitender Schwangerschaftsvergiftung nicht mehr konnte. Diesmal will ich so fit wie möglich sein, schlauer sein. Und so höre ich weiter meine Meditationen, nehme weniger zu als beim ersten Mal, bin mehr draußen an der frischen Luft. Bin fest entschlossen, nicht im OP-Saal zu landen.

Was ich noch nicht weiß, was auch bei keinem Hypnobirthing-Termin oder im Geburtsvorbereitungskurs Thema ist: Man kann atmen wie man will, wenn man während der Schwangerschaft die ganze Zeit auf einer Hüftseite einen fast Zweijährigen trägt, während im Bauch ein Baby wächst, leidet die Ausrichtung der Gebärmutter darunter. Die ist aber entscheidend, damit das Kleine später ins Becken kommt.

Wir sind bei 40 + 0. Mein Baby ist ein Sternengucker, und es gefällt ihm gut bei mir. Mein Blutdruck steigt wieder, die Fruchtblase wird manuell geplatzt, diesmal schreie ich nicht, diesmal klappt das Atmen, die Hebamme ist überzeugt: Er ist gleich da. Als sie nach langen Stunden Wehen nachschaut, ist der Muttermund fast noch komplett zu, sie sieht mich erschrocken an und ich beginne, nach dem Kaiserschnitt zu schreien.

Nach der Geburt müssen wir eine Weile bleiben. Zwei Wochen fast. Mein zweiter kleiner Schatz und ich erholen uns diesmal in einem eigenen Zimmer in einer kleinen Klinik am Rand von London, ich bin erleichtert, dass alles gut gegangen ist und stolz, dass ich es versucht habe, weil es das war, was ich wollte. Der Traum vom »Kopf-Rauspressen« ist nicht in Erfüllung gegangen, aber auch wenn das gegen so manche aktuelle Theorie spricht: Ich glaube nicht daran, dass wir eine Geburt kontrollieren können. Ich glaube an das Wunder Geburt. Es ist das größte Geschenk auf der Welt und so was von egal, aus welchem Loch sie kommen. Dass alles gut geht, ist keine Selbstverständlichkeit.

14

SONNTAGS

6 Uhr: Ich erhebe mich leise aus dem Bett, um noch Zeit für mich zu haben, bevor die drei Männer, mit denen ich die Nacht verbracht habe, den Tag beginnen. Die Chance, dass es gleich »Mama« ruft, beträgt 95 Prozent. Eines der drei wird liegenbleiben und keinen Mucks von sich geben. Es ist das bravste meiner Kinder, das, das am längsten schläft – mein Mann.

Bevor ich mich aus dem Schlafzimmer schleiche, drücke ich noch einen Knopf. Ich bin so froh, dass du endlich da bist. So lange hab ich auf dich gewartet. Mit dir fühle ich mich endlich komplett. Dich gebe ich nie wieder her. Danke, dass du da bist – Babyschlafwippe.

6 Uhr 30: Statt Wasser aufzukochen und den Sonnengruß zu machen, wie ich es mir für jeden Sonntagmorgen vornehme, sitze ich zerknautscht wie eine alte Zwiebel mit Laptop auf dem Sofa und frage mich, wer diese Frau ist, die ihren Mann ihr Kind nennt, einen rosafarbenen Plüschbademantel trägt und Artikel über erfolgreiche Menschen liest, statt sich um sich selbst zu kümmern, Zähne zu putzen oder eines der anderen Dinge zu tun, die erfolgreiche Menschen bestimmt noch vor dem Morgengruß erledigen.

Seit ich Mutter bin, mache ich jeden Abend drei Kreuze. Oder sitze in der leeren Badewanne, um die Hände über dem

Kopf zusammenzuschlagen und zu heulen. Das Babyalbum, das beim ersten Kind so schnell stolz mit Erinnerungen gefüllt wurde, prangt seit der Geburt des zweiten provozierend unberührt auf dem Küchentisch, wird regelmäßig in eine Ecke geknallt, und danach wieder aufgehoben, um weiterhin Druck zu machen.

7 Uhr 36: Ich höre kleine Füße und zwei kräftige Stimmchen und werde den Text hier unterbrechen, um Mutterpflichten nachzugehen. Bevor ich aufstehe, denke ich kurz an das Leben vor den Kindern, das aus Redaktion, Nächten mit Freundinnen auf dem Balkon und Kurztrips bestand, und es kommt mir so vor, als wäre es die beste Zeit meines Lebens gewesen. Da können mir jetzt alle Instagramblogger-mütter sonst wie kommen, Freiheit und Leidenschaft hörten mit der Geburt der Kinder erst mal auf. Gut für alle, für die es sich anders anfühlt. Bei mir steht schlechte Laune an der Tagesordnung, weil mich Zwerge herumkommandieren und die Liste an Dingen, die gemacht werden müssten, unbezwingbar wird.

Doch dann entsinne ich mich all der Ängste und Zweifel, ob ich jemals einen Mann finden werde, den ich nach drei Jahren Beziehung noch begehre. Ob ich jemals Kinder haben werde. Scheiße, hatte ich Angst. Oft bekommt man das, was man sich gewünscht hat, ohne es bewusst zu bemerken. Und man vergisst, wie glücklich man sich schätzen kann, weil die Träume von gestern von den Sorgen von heute überlagert werden.

Wenn ich heute in den Spiegel schaue, sehe ich eine Frau, die sich selten sexy und oft alt fühlt. Doch wenn ich morgens in das Bett mit den drei Männern darin blicke, spüre ich, dass mein Herz voll ist und darin all die Liebe, die ich mir immer gewünscht habe. Es ist so egal, ob ich morgens heißes Wasser trinke oder ungewaschen Instagram durch-forste – die Jahre mit kleinen Kindern sind einfach hart. Aber die Gefühle, die einen durchströmen, wenn sie lachen oder schlafen, sind unbezahlbar, und Hauptsache ist doch, wir halten zusammen.

Der Weg ist kein leichter als Frau und Mutter. Aber auf eins kannst du zu hundert Prozent bauen: Jahre später auf den Fotos wirkt alles schön.

15

FIEBER

Seit 24 Stunden haben wir nur ein Ziel – dass dein Fieber sinkt und die Farbe in dein Gesicht zurückkehrt. Dass deine Äuglein wieder groß und klar werden. Die Äuglein mit den tausend kleinen Lachfältchen drum herum, von denen sich seit gestern Nacht kein einziges gerührt hat. In den wenigen Momenten, in denen du die Augen öffnest, sind sie so ungewohnt verklärt, dass sich alles in mir zusammenzieht.

24 Stunden zuvor dein lautes Aufschreien kurz vor Mitternacht, du hältst dir schluchzend den Kopf, er muss dir in dem Moment gefühlt zerspringen, so panisch, wie du schaust. Ich hebe dich hoch, dein kleiner Körper so brennend heiß, und ich weiß sofort, dass wir uns in der Über-40 °C-Fieberzone befinden und schnelles Handeln erfolgen muss. Auf dem Weg ins Bad beginnst du zu brechen, in mir ab dem Moment deines Schreis schon alles auf Autopilot. Du weinst jämmerlich und hörst auf jedes Wort, trinkst brav deinen Schluck Wasser, nimmst das Fiebermittel, und ich denke kurz an den kleinen Jungen, der sonst wegrennt, wenn er keinen Bock hat, oder zum Widerspruch ansetzt, »Nein, du, Mama!«, während dein Bruder im Hintergrund einen »Nein, du, Kacka!«-Kanon anstimmt.

Kein Chor in diesem Moment, nur Stille. Und das Beben deines heißen Körpers. Ich halte den Atem an und trage dich zurück ins Bett, das du für die nächsten 24 Stunden nicht verlassen wirst. Vielleicht wird man über die Zeit der Mutterschaft routinierter, was Infekte bei Kindern betrifft, aber es erwischt einen als Eltern doch jedes Mal aufs Neue eiskalt. Es geht jedes Mal um alles. Denn dieses Kind, das krank im Bett liegt, ist »alles«. Herzausfüllend und -sprengend. Für mehrere Tage ist alles, wirklich alles andere egal, und es gibt nur dieses eine Ziel: das Fieber in den Griff zu bekommen und dabei zu denken, »Bitte, mein Engel, bitte, werd so schnell wie möglich wieder gesund«.

USCHIS WISDOM

SOS-Tipps bei krankem Kind

1. Wenn das Kind nichts trinkt, starke Schmerzen, undefinierbaren Ausschlag und/oder Blutungen hat, sehr hohes Fieber sich nach drei Tagen nicht senkt oder starker Flüssigkeitsverlust bei Durchfall und/oder Erbrechen vorherrscht, steht ein Arztbesuch an. Dass die Kleinen mal nichts essen, ist okay, wenn ausreichend getrunken wird. Ein Erste-Hilfe-Kurs (für Kinder) bringt konkrete Regeln bei, anhand derer man entscheiden kann, ob das Kind ins Bett, zum Kinderarzt oder in die Notaufnahme gehört.

2. Für Intuition braucht es Erfahrung. Am Anfang sitzt man schon mal wegen eines Schnupfens mit dem Baby in der Notaufnahme. Mit jeder durchgestandenen Krankheit wird man kompetenter. Praktisch finde ich eine Check-

liste am Kühlschrank oder an der Pinnwand, die man im Notfall parat hat, wenn man einfach nur funktionieren muss. Darauf ein paar Fragen: Trinkt er/sie? Wie verläuft das Fieber?

3. Der Kinderarzt ist selten telefonisch erreichbar, in der Hotline der Kassenärztlichen Vereinigung wartet man lange. Beide sind dennoch hilfreich zur Einschätzung der Symptome, wenn man das Gefühl hat, dass es keine Notfallambulanz braucht. Schreibe die wichtigsten Telefonnummern auf die »Krank-Checkliste«.

4. Ein Fachbuch hilft besser als Google. Das muss ich mir selbst noch beibringen. Ich habe die Bücher selbst noch nicht gelesen, aber viele empfehlen »Gesundheit für Kinder«, »Kindersprechstunde«, »Das Geheimnis gesunder Kinder«.

5. Jede Kinderkrankheit braucht ein starkes elterliches Nervenkostüm. Manchmal ist man so kaputt und die Unsicherheit kommt (wieder) hoch. Lieber einmal zu oft als zu wenig zum Arzt, stimmt in den meisten ernsten Situationen.

16

ZUHAUSE

Samstagvormittag, Mann mit großem Sohn im Park. Da sich Mutti im Internet vor fünf Tagen Sneakers »in sehr gutem Zustand« bestellt hat, die heute Morgen aber ausgenudelt und fünf Nummern zu groß ankamen, befindet sie sich jetzt mit Babyboy, der schon sitzen kann, im Buggy auf zweistündigem Shoppingtrip, der keinen Spaß macht, weil nichts passt. Ich verlasse die Kabine und betrete Starbucks.

Joah, da sitzt man. Mit dem Brei in der Hand. »Jahre des Dienens«, hat es eine Bekannte letztens am Telefon genannt. Mein zweiter Hase will keinen Brei und lutscht an einer Gurke. Ich bin froh über den Moment der Ruhe. Mein Blick wandert nach rechts. Drei über 50-jährige Frauen sitzen gemütlich mit ihren Kaffeebechern am Tisch und erzählen sich Geschichten. Sie sehen zufrieden aus. Mein Blick wandert nach links. Eine junge Mutter Anfang 30, mit Kinderwagen, aus dem es brüllt, tippt panisch in ihr Handy, während sie an ihrem Cappuccino nippt. Sie sieht verzweifelt aus.

Zu wem soll ich gehen, um mich über London auszukotzen, das mich heute Morgen mit all den dichten Straßen und gehetzten Menschen mal wieder auf die Palme bringt?

Ich schaue auf ein Poster an der Wand. Wie unheimlich schön und vielversprechend ich die Stadt fand, als ich vor drei Jahren hierhergezogen bin. So eng und festgefahren kam mir alles in Dresden vor. So oberflächlich in Stuttgart. So crazy in Barcelona. So dreckig in Berlin. London, dachte ich, kann es sein und bleiben.

Meine Gedanken kreisen. Alle reden von dem »einen Zu-hause«. »Spätestens als Familie«. Manche testen ihre Beziehung mehrere Jahre und beginnen einen Bausparplan. Wir beschlossen nach einem Jahr Fernbeziehung, dass wir gemeinsam in einem Land wohnen wollen, ich zog zu ihm nach London in sein Zimmer im Haus seiner Mum, und wir zeugten in den ersten 14 Tagen nach meiner Ankunft ein neues Leben, was sich ein paar Wochen später in Form von Morgenübelkeit und Müdigkeit bemerkbar machte – der Koffer aus Deutschland war noch nicht mal ausgepackt.

Im neunten Schwangerschaftsmonat zogen wir in eine eigene Wohnung, die wir uns nur mit Untermietern leisten konnten. Im Wochenbett checken zu müssen, ob gerade ein Mitbewohner über den Korridor in die Küche geht, bevor man nackt zum Klo läuft, um die Binde zu wechseln – als junge neue Familie war das eher suboptimal. Unser Lehrgeld: in Central London zu bleiben macht nur Sinn, wenn man reich, Single oder 25 ist.

Als die Wohnsituation – mit Anderthalbjährigem und Baby im Bauch – nicht mehr tragbar war, ging es in eine minikleine Altbau-Zweiraumwohnung etwas weiter außerhalb, die zu dem Zeitpunkt so viel kostete wie eine schicke neue Penthousewohnung in Berlin. Für mich Liebe auf den ersten Blick. Für Freunde und Familie aus Deutschland undenkbar – warum sollte der Preis für uns hier so hoch sein, um einen auf Familie zu machen, wenn es in Deutschland so viel »einfacher« ginge? »Irgendwie ist man doch abgesichert, denkt an die Kinder, kommt doch zurück!«

Ich aber war froh, in England zu leben. Dass andere Werte als nur Effizienz und Ordnung zählten. Bis zu dem Moment, wo ich bemerkte, dass ich stundenlang auf andere wartete, überall Fehler suchte und nicht verstand, warum nur ich mich darüber beschwerte. Ich habe mich nie so deutsch gefühlt wie in London.

Gerade erst hatte meine einzige Freundin aus unserem Viertel Zwillinge bekommen, und ich hörte immer weniger von ihr. Meine andere Freundin war vor ein paar Wochen so weit weggezogen, dass man anderthalb Stunden bräuchte, um sich zu besuchen. Die meisten Bekanntschaften aus dem ersten Babyjahr waren bereits wieder in ihr Ursprungsland gezogen. Das Deutschland, das ich vor drei Jahren noch so gern verlassen hatte, sah mit Kindergeld und günstigen Kita-Plätzen von außen plötzlich praktisch aus.

Ich glaube nicht, dass einen irgendetwas auf das Leben mit Kindern und die Entscheidungen, die man ab da gemeinsam treffen muss, vorbereiten kann. Ob man die Beziehung vorher zehn Jahre testet, das perfekte Häusle baut oder wie wir aus einer Fernbeziehung zwischen zwei Ländern in die Elternschaft katapultiert wird. Es gibt keine klaren Richtlinien. Für niemanden.

Ich fühle mich lost wie Carrie aus Sex and the City in Paris am Ende der achten Staffel. Nur eben nicht in Paris, sondern im nassen London. Und eben nicht in kleinen fancy Cafés oder bei Dior, sondern mit einem Baby und einem Kleinkind abwechselnd bei Starbucks oder im TK Maxx.

Es ist so schwer, für Kinder mitzuentscheiden. Und es

ist unmöglich, einen klaren Gedanken zu fassen, wenn sie um einen herumschwirren. Es gibt keine 100 Prozent mehr, bei keiner Entscheidung. Da müssen 51 zu 49 reichen. Ein Wechselbad der Gefühle, schlimmer als in der Pubertät. Die Wahrheit ist: Wenn dein Leben schon vorher voll und crazy war, wird sich das als Mama nicht ändern. Genauso, wie es dir dann in die Karten spielen wird, wenn du in der Regel ruhig und strukturiert vorgehst. Mir fällt es schwer, vernünftig und vorausschauend zu planen. Man kann nicht aus seiner Haut. Kreative Menschen folgen selten wirtschaftlichen Richtlinien. Das habe ich auch als Mutter beibehalten. Hab gehört, im Alter wird man noch extremer. Langweilig wird es bei uns also nie werden.

Ich liebe London, aber ich hasse die Luft. Den Smog – überall Autos. Die Vorstellung von einem bezahlbaren Haus im Grünen ist auf dem Papier spitzenmäßig. Über ein halbes Jahr versuchen wir, in den Vororten Londons ein neues Zuhause zu finden, nichts gefällt uns. Der Weg in die Stadt entscheidet, wer wie lange zu Hause bleibt. Ich schlage vor, dass wir akzeptieren, nicht zu wissen, wie es hier konkret weitergeht, und bis zur Einschulung nach Ghana zu gehen. Im Internet finde ich eine Lehrerinnenstelle in Accra. Mein Herz hüpft bei der Vorstellung von Nachmittagen mit den Kids am Strand, laut und wild.

Wir entscheiden uns für den vernünftigen Gewinner der Pro- und Contra-Liste: Deutschland. Mal schauen, ob da wirklich alles besser organisiert ist als hier und uns das im Alltag als Familie mehr Zufriedenheit verschafft.

Als die junge Frau mit Kinderwagen von links aufsteht und geht, wirft sie mir ein optimistisches Lächeln zu.

USCHIS WISDOM

Wichtige Entscheidungen treffen

Der Kopf wägt ab. Das Herz sagt direkt: »Gott, wäre das schön.« In einem sehr schlauen Buch steht: »Wenn es sich gut anfühlt, ist es richtig.« Mir hilft, wenn sich Kopf und Herz nicht einigen können, den Kopf in einen Sitzball zu versenken, während Luft rauszischt. Meinem Instinkt zu trauen. Zu überdenken: Muss die Entscheidung überhaupt sein oder geht es auch ohne? Vieles, was wir planen wollen, hat mehr Zeit, als wir denken. Etwas anzuschauen, was dir jemand geschenkt hat, der dich mag, erinnert dich daran, wer du bist. Und ganz wichtig: Lasst nicht den Laptop rumliegen, wo kleine Gurken drankommen und Wasser oder Saft draufspucken können, während ihr euch besprecht. So wie ich. Viermal in zwei Jahren.

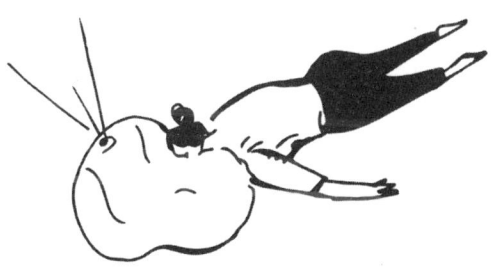

17

DORF

»Entschuldigen Sie, gibt es hier ein Café, wo man brunchen kann?«, frage ich die einzige Person, die uns während des zehnminütigen Marsches entlang der Dorfstraße entgegenkommt. Sie ignoriert uns und läuft weiter.

Heute Morgen haben uns meine Eltern, die beim Einzug »helfen« wollten, auch ignoriert und sind, statt die Kinder zu bespaßen und uns einfach machen zu lassen, als erste Amtshandlung in den nächsten Baumarkt gedüst, um einen Kompost zu besorgen und jeden Zentimeter im Garten mit Gemüsebeeten zu verplanen. Der Streit mit meiner Mutter darüber, ob ich als 32-Jährige in meinem Reich nicht selbst entscheiden sollte und ob uns eigentlich irgendwer gefragt hat, ob wir in den nächsten Jahren überhaupt Gemüse essen wollen, eskalierte, und sie zogen wütend ab.

Zurück blieben wir vier – ein Brite, der auf Deutsch »Schönes Wochenende« sagen kann und in seinem Leben bis auf internationale Singletrips seine Heimatstadt London noch nie verlassen hat. Seine Frau, die sich in diesem Moment fragt, wie viel Kraft uns dieses Lebensumkrempelungsprojekt eigentlich schon gekostet hat und ob der Streit vorhin der Tiefpunkt war, ab dem alles besser wird, oder erst der Anfang. Und unsere zwei Gurken, denen alles egal ist, Hauptsache, es gibt gleich etwas zu essen.

Es wird schlimmer. Beim einzigen Bäcker gibt es nur einen Stehtisch, der schon von drei Handwerkern besetzt ist und für einen Zweijährigen in der Trotzphase und seinen robbenden Bruder sowieso keine Option darstellt. Im lokalen Edeka, vor dem man mit Blick auf den Parkplatz gemütlich sitzen kann, gibt es nur Zuckerkuchen oder Bockwurst und keinen Babystuhl. Wir haben zwei Kreditkarten (»Wat soll dat denn sein, nee, hier nur mit Bargeld«). Die Jungs und ich teilen uns von fünf Euro Münzgeld freudig die Bockwurst und ein Stück Kuchen. Mein Mann, der weder Brötchen noch Schwein isst, bekommt eine Capri-Sun. Wir werden in den nächsten Monaten noch oft feststellen, dass man hier bei jedem Ausflug Bargeld braucht und das kulinarische Angebot selten über Pommes, Wiener und Limo hinausgeht.

Ich denke an das große Ziel, das wir mit unserem Länderwechsel vor Augen hatten: uns hier ein besseres, günstigeres Leben aufzubauen. Jepp, unser Lunch gerade kam auf fünf Euro, dafür bekommt man in London höchstens Kaugummis. Doch in dieser Sekunde würde ich mein ganzes Erspartes für einen Avocadotoast hergeben.

Aber dann erinnere ich mich wieder daran, dass damals jeder Gang zum Brunch unser halbes Monatsgehalt auffraß und wie genervt ich von den Millionen Menschen auf der Straße auf dem Weg dahin war.

Zurück daheim, werfe ich einen Blick in das leere 160-Quadratmeter-Haus, das ab jetzt unser neues Zuhause sein soll. Ich fühle mich ganz verloren darin. Da hilft auch der Anblick unseres Hab und Guts in der hintersten Ecke nicht. Dass gestandene Speditionsunternehmen für die Fahrt von London aufs deutsche Dorf gern mehr als das Dreifache von dem

Preis, den wir an die zwei LKW-Fahrer bezahlt haben, veranschlagen, hat meinen Mann nicht verwundert. Bis er mein Gesicht sah, als die zwei gestern mit ihrem viel zu großen Laster in unsere viel zu kleine Einfahrt fuhren und meine heiß geliebten Vintage-Teile den Weg zwar geschafft hatten, aber eben nur halbe Spiegel, gerissene Leinwände und drei Tischbeine statt vier.

Mein Mann war wütend auf die Arbeiter und ich auf den Briten, der uns den Scheiß eingebrockt hat und keinerlei Verantwortung dafür übernahm. »Wenn du so wenig dafür zahlst, musst du zumindest checken, ob die das Zeug auch ordentlich verpacken, verdammt!« Ich laufe wie ein Tiger im Zoo auf und ab und spreche laut mit mir selbst. Er schaut mich an, und ich weiß schon, was jetzt kommt. »Honey, I am sorry, es war doch keine Absicht.« Und ja, wir machen alle Fehler. Aber die Masche zog nur bei einem Kind. Heute braucht er eine neue Taktik, um mich nach so einer Nummer wieder runterzuholen.

Hier liegt sie vor uns, die Chance, dass unsere Kinder in einem Villa-Kunterbunt-ähnlichen Haus im Grünen aufwachsen, wie ich es mir als Stadtkind so oft erträumt hatte. Noch ist die Terrasse kaputt und alles verwildert, und noch gibt es keinen Zaun und weniger Privatsphäre als im Plattenbau. Aber die Vision ist da – wir müssen es nur angehen. Als ich unserem Nachbarn von meinen geliebten british terraced houses und Spaziergängen an der Themse erzähle, meint er: »Hier fließt die Wuhle, da könnt ihr auch langlaufen, da kommt ihr nach Marzahn.«

Jackpot, meinen die Leute zu unserem neuen Zuhause, bei der aktuellen Wohnungslage ein absoluter Glücksgriff. Ich verbringe die ersten Wochen jeden Abend heulend im

Bett, so glücklich bin ich. Verstehen muss das niemand, wir leben hier immerhin den vorstädtischen Familientraum. Aber vielleicht war ich noch nicht bereit fürs Dorf oder werde es nie sein.

Als wir die Nachbarschaft erkunden, stelle ich entsetzt fest, dass sich unser neues Heim 500 Meter vom hauptstädtischen Ortseingangsschild entfernt und damit noch in Brandenburg befindet, wodurch die von London aus unfassbar attraktiven kostenlosen Berliner Kita-Plätze für uns entfallen. Ich bestelle ganz schnell einen Pool und lasse meinen Mann den nächsten Tag in seiner neuen Werkstatt herumbasteln, für die in einer Wohnung in der Stadt niemals Platz gewesen wäre. In meinem Kopf schallt die Stimme meiner Oma: »Das ist jetzt euer Zuhause, Punkt.«

18

PARKPLATZ

Freitagmorgen, es ist Ende April, wir haben 30 Grad Celsius, meine Kinder seit Wochen eine starke Erkältung und der Kühlschrank ist leer. Ich stelle mein Fahrrad beim Aldi ab, mein mittlerweile dreijähriger Sohn und sein einjähriger Bruder sitzen mit triefenden Nasen im Anhänger. Eine Frauenstimme ruft aus einem grauen Polo: »Sie wissen schon, dass Sie hier auf einem Parkplatz stehen?!« Der Anhänger steht auf einer Parklückenmarkierung, da der Fahrradbereich nicht für Angelegenheiten wie unsere (Frau-allein-mit-zwei-kranken-Kleinkindern-ohne-Auto-beim-Wocheneinkauf) ausgelegt ist. Rechts und links reihen sich zahlreiche freie Parkplätze aneinander. Ich, trotz Schnappatmung, noch ganz in Englandmanier: »Ich würde mich freuen, wenn sie mich das nächste Mal freundlich fragen, ich mache gern Platz.« Frau: »Dann haben Sie mich noch nicht wütend gehört. Ich fahre jetzt los.« Mit einem Ruck setzt sie an und rollt auf uns zu. Willkommen in Berlin!

Wir leben in einem neuen Land, und mein Mann arbeitet den ganzen Tag. Während ich mich gefühlt eine Woche lang im Alleingang um unsere kranken Kinder kümmere und in dieser Zeit selbst nicht existiere, verpasse ich von meiner gerade euphorisch angemeldeten Selbstständigkeit alle Abgaben und Termine. Zwei Kleinkinder allein zu managen und zu ver-

suchen, ein Haus sauber zu halten, ist – zu meiner Überraschung – in jeder Hinsicht unmöglich. Der neue Alltag hier
zeigt, dass sich meine große Liebe auch in Deutschland nach
einem langen Arbeitstag auf eine warme Mahlzeit freut und
sich trotzdem für einen modernen Mann hält. Dass der ganze
Einkauf-Kochen-Wäsche-Scheiß immer noch an mir hängen
bleibt, weil er dafür, dass wir nun in einem Haus wohnen,
zwei Stunden täglich unterwegs sein muss und danach alle
ist. Ich stelle mir Zeit im Zug traumhaft vor, im Gegensatz zu
all dem Mist, den keiner machen will, der auf mich wartet,
den sonst niemand sieht.

Das fürsorgliche Kümmern um primäre Grundbedürfnisse
habe ich in der ersten Zeit als Mama nicht infrage gestellt.
Dass, auch wenn er es nicht sagt, sein unbefristeter Job mehr
zählt als meine Aufträge, weil er im Jahr eine Null mehr
hinten dran nach Hause bringt als ich. Seit ich beginne auf-
zuzählen, was mein Mental Load alles umfasst, kippt die
Stimmung, daher lasse ich es und rede mir ein, zu Hause
der Fürsorglichkreativeempathiespaßguru zu sein und er der
Entschleunigungseinfachmalmachenundnichtredenpol. Das
klappt meistens bis zum nächsten Streit.

Zwei Geburten, meine neue Arbeit und der Länderwechsel
haben Spuren hinterlassen, und ich fange an, die erfolgreiche Umsetzung des Plans, dass unsere Aufgabenteilung hier
ausbalancierter wird (nicht mehr er 100 Prozent Job und ich
100 Prozent Haushalt und Kinder, sondern beide 50/50), an-
zuzweifeln. Ich habe akute berufliche Abgaben und weiß
genau, luftleerer Raum stattdessen wäre schön, aber ich
mag das Hamsterrad eines durchstrukturierten Alltags. Ich
liebe meinen Job, ich habe genug vom Zuhausebleiben,
seit 2015 mache ich das. Es ist so sinnvoll mit kleinen Kin-

dern, wenn eine Person immer zu Hause bereitsteht. Aber wenn beide nicht diese Person sein wollen, braucht es eine andere Lösung.

Fünf Stunden später, wir sind längst wieder daheim. Wer kommt mit »ganz hohem Fieber« (38 Grad) heim und legt sich direkt ins Bett? Ich weiß nicht, ob ich lachen oder kotzen soll, renne in den Haushaltsraum, knalle die Tür zu und schreie so laut ich kann. Dafür sind die Dinger also da. Als ich wieder herauskomme, meint mein Dreijähriger, »Mama, das mag ich nicht«, und ich muss alle Kräfte in mir mobilisieren, um ihm nicht zu erklären, was ich an der Wahl seines Vaters gerade nicht mag.

Es ist 20 Uhr, die kranken Kinder wollen nicht schlafen und ich schaue verzweifelt auf die Uhr, die sagt, dass ich noch zwölf Stunden Zeit habe bis zur nächsten Textabgabe. Ich denke an den alten Mann vor ein paar Wochen, der erst meinen vollbeladenen Buggy und dann mich anstarrte und meinte, »Sie dürfen nicht so viel tragen, Sie sind doch eine Prinzessin«. Wo fängt Gleichberechtigung in einer Partnerschaft an und wo wächst einem das Ignorieren der eigenen Bedürfnisse über den Kopf? Schultere ich mir in dieser Beziehung zu viel auf?

Mir dämmert, dass meine Challenge gar nicht der raue Umgangston der Leute hier ist, sondern die wirkliche Herausforderung gerade mit Männergrippe im Bett liegt. Dass mein Mann es selbstverständlich findet, dass Muddi die komplette Familienorganisation übernimmt. Dass ich Termine, Urlaube und Geburtstage plane und für jeden Pups Erinnerungszettel schreibe. Wenn ich Eier hätte und so mit mir umgegangen werden würde, würde ich denken, jemand hätte sie mir abgeklemmt.

Deshalb werde ich, die sich seit Tagen selbst mit einer starken Erkältung herumplagt, aber natürlich trotzdem funktioniert, ihn jetzt wecken, damit er seine Mein-Körper-braucht-einfach-nur-Ruhe-Egonummer abbläst, verdammt noch mal eine Aspirin einwirft, die Kinder übernimmt und ich den Text fertig bekomme, damit ich in zehn Jahren nicht wie eine frustrierte Alte kleine Kinder vorm Aldi überfahre.

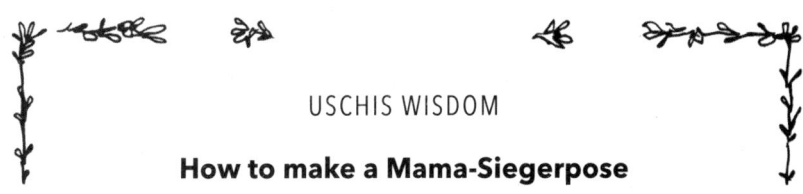

USCHIS WISDOM

How to make a Mama-Siegerpose

Dich irgendwo so hinstellen, dass du laut »Tschakka« rufen kannst. Kurz die Brüste anfassen (jepp, sind noch da, jepp, sind genauso weich wie gestern, jepp, die eine Hand fasst zehn Zentimeter weiter unten an als die andere, jepp, solche Schielaugennippel sind ganz normal). Jetzt die Arme hochreißen (jepp, jetzt sitzen die Brüste super). Genau jetzt in den Spiegel schauen und laut »Tschakka« rufen. Danach dich selbst umarmen (dass es von hinten aussieht, als würden zwei rummachen), einen Kuss auf den Bizeps und »Ich liebe dich, du geile Braut« in den Spiegel sagen. Wirkt Wunder. Versprochen. Probiere es aus!

Heute ist der Tag! Heute bin ich die Königin, die durch die Lüfte fliegt und sich unheimlich gut mit anderen versteht (Kita-WhatsApp-Gruppenstreit – was ist das?). Die beim Weckenanziehenfrühstücken-undjetztalledurchdieTür, los! Freude verspürt. Die sich verstanden fühlt vom Chef, auch wenn der das eigene Kind ist, und die dermaßen für andere rockt und sich unersetzlich macht. Achtung: Es kann nicht jede so natürlich schön sein wie ich, mach dir keine Gedanken, dafür habe ich große Füße.

19

KITA

Nach dreieinhalb Jahren 24/7 mit mir, beginnen meine Jungs die Kita, und ihre Mama ist zum ersten Mal vormittags ohne Kinder daheim. Mein Großer spaziert happy in seine Gruppe, mein Kleiner findet an der Idee, dazubleiben, keinen Gefallen. Die Trennung bricht mir das Herz. Wenn ich das Kita-Gelände verlasse, fühle ich mich unvollständig. Weder voll noch leer. Weder happy noch traurig. Weder mit Energie noch ohne. Weder erleichtert noch überfordert. Gefühl- und fassungslos. Geist und Körper kommen nicht hinterher. So ist es also, wenn eine neue Phase beginnt und man nicht aus dem Stand weiß, wo sich die Sinnhaftigkeit dahinter versteckt.

Das monatelange Hin und Her wegen der Entscheidung, wann mein Kleiner eingewöhnt werden soll, das schlechte Gewissen, weil der Große »erst« mit drei Jahren die Kita startet. Wenn ich mich vormittags rechts und links auf dem leeren Dorfspielplatz umschaute, war ich mit solchen Gedanken hier allein. In diesem Dorf gehen definitiv alle nach einem Elternjahr zurück in den Job.

Ich laufe irritiert nach Hause, denke daran, dass wir am ersten Tag, wenn wir beide Kinder in der Kita haben würden, schick brunchen gehen und auf unsere Höhen und Tiefen als

Eltern anstoßen würden. Stattdessen setze ich mich direkt an den Schreibtisch und fange an zu arbeiten. Meine Freundin aus dem Dorf, die ihre Kinder auch in unserer Kita hat, erzählt am nächsten Morgen das Gleiche über sich und ihren Mann, und wir sprechen darüber, wie wir es beide kaum erwarten können, unsere Hasen gleich wieder abzuholen.

Ein Monat später: Der Tag beginnt mit an Bedingungen geknüpfte Versprechungen, Erpressung, Schnappatmung und einem Level an Verzweiflung, wie ich es aus keinem anderen Job kenne, und es ist noch nicht mal acht. Als letzten Versuch, sie durch die Tür der Kita zu bewegen, verspreche ich, dass wir nachmittags schwimmen gehen und hoffe, dass sie es im Laufe der nächsten Stunden vergessen mögen. Sie weigern sich trotzdem, weinen, schlagen um sich, wollen partout nicht rein.

Nach jeder Abgabe verlasse ich fix und fertig das Gebäude, halte die Tränen zurück, was nicht gelingt, schluchze und frage mich, was so schlimm an der Kita ist. Warum der Trennungsschmerz? Soll ich sie rausnehmen und alles selbst übernehmen? Im Kita-Fach stapeln sich die ersten Erinnerungszettel. Es geht um Windeln, den Wäschebeutel, der längst aufzufüllen ist, oder vergessene Unterschriften für vergessene Elternabende. Vielleicht passt das einfach nicht zu uns. Hilfe, was sollen wir nur tun?!

Kurz vor drei, mein Sohn begrüßt mich strahlend, »Juhuu, Mama, wir gehen schwimmen!« Allein mit zwei Kindern schwimmen gehen – was in der Theorie schon nach einem Albtraum klingt, wird umgesetzt zum Horrortrip, den ich nur mit Ach und Krach überlebe. Erst ins Auto lotsen, dann durch die Umkleide, ohne dass schon einer losrennt, dann im Becken mit zwei Hasen, die nicht schwimmen können, einer rennt zur Rutsche und rutscht vorher schon (aus). Der andere nimmt Anlauf zum Sprung ins Nass, ohne sich ums Auftauchen zu kümmern, dafür sorg ja ich, ist klar. Dann aus dem Becken in die Dusche manövrieren, ohne dass einer frisch abgetrocknet wieder Richtung Becken abhaut. Warm einpacken, Mütze vergessen, Kapuze muss reichen, zurück ins Auto, hach, den Spielplatz gegenüber vergessen, parallel beim Schaukeln anschieben und fünf Meter daneben die Arme aufhalten, falls der andere vom Klettergerüst fällt. Mit Bonbons und Betteln ins Auto locken, fix und alle zu Hause ankommen, auf dem Weg mindestens dreimal laut fluchen.

Ratgeberbücher würden wahrscheinlich empfehlen, sich zu bedanken für die Herausforderungen, die einem das Leben geschenkt hat, um zu wachsen oder so.

Ich schnappe mir das Telefon und rufe mein Lieblingsrestaurant an – das einzige im Dorf –, auf dem Weg nach oben komme ich an einem Spiegel vorbei und erkenne die müde Person, die mein 32-jähriges Ich darstellt, nur mit Mühe.

Eine Stunde später, ich sitze mit Handy an der Küchentheke, während einer Kissenschlacht fliegen Nudeln in meine Richtung, klingelt es an der Tür, Gott, es gibt dich wirklich! Er hat mir eine Einliterflasche Lassi abgefüllt. Ich habe keine Lösung für die Kita und auch wenn ich jeden Abend darüber grübele, finde ich in diesem Moment keine Lösung. Es zerbricht mir das Herz. Ich setze den Lassi an. Und werde ihn mit niemandem teilen.

USCHIS WISDOM

Dinge, die ich aufgegeben habe, seit ich Kinder habe

1. Kinderautositze reinigen.
2. Spiele erfinden, bei denen ich auf dem Sofa bleibe. Gibt es nicht. Wer als Mama Ruhe möchte, der empfehle ich einen Knochenbruch.
3. An Freundschaften anknüpfen, die so viel Zeit bräuchten wie ein Extra-Kind.
4. Auf die Frage von Gästen, »Kann ich etwas helfen?« mit »Ach Quatsch, danke, nein, setz dich doch« reagieren, anstatt ihnen ein Geschirrtuch und Spülmittel zu reichen.
5. Erzählen, dass das Baby durchschläft oder das Kleinkind von allein ins Bett geht. A, will das niemand hören, der nachts wach ist. B, wird es danach, wetten, wach.
6. Fremde, die sich ungefragt dazu befähigt fühlen, Erziehungstipps zu verteilen, weglächeln. Heute frage ich, ob sie noch mal etwas sagen könnten, das sei echt spannend, ich hätte noch nie so hässliche Zähne gesehen.

20

OLD MACDONALD

Leben mit Kindern – die Realität gewinnt jedes Match gegen die Erwartungshaltung. Das Bild eines Tages, das man nach dem Aufwachen noch im Kopf hat, kann im Nu in tausend Teile zerspringen. Den Scherbenhaufen aufzukehren, lohnt sich selten, da liegt schon der neue da.

Heute habe ich »eigentlich« einen Termin. Aber die Kinder sind krank. Beziehungsweise wollen chillen. Ihre Batterien aufladen. Das ist zumindest meine Übersetzung von »Mama, mein Bauch tut weh«. »Musst du auf Toilette?« »Nein.« »Ich mach dir eine Wärmflasche, oder ist es so schlimm, dass wir zum Arzt sollen?« »Ja.« »Okay, dann gehen wir.« »Können wir noch fernsehen? Mama, kann ich ein Schokobrot?«

Dieser Limbo zwischen zu krank für die Kita und zu gesund für daheim. Eigentlich machen sie dann das, was ich mache, wenn ich krank bin: nicht krank sein und ganz normal ihren Tag bestreiten. In ihrem Fall bedeutet das, statt den Tag mit tausend Erledigungen zu füllen, zu Hause bleiben zu wollen und ihre Mama tausend Sachen zu fragen.

Ich mache ihnen einen Smoothie. Stelle ihn auf ein Tablett, bringe ihn zu den Hoheiten. Da bleibt er auch – unberührt. Okay, dann teste ich ihn eben selbst … Shit, da fällt mir ein, ich muss doch den Urinbecher füllen! Bei unseren Kindern kümmern wir uns direkt, lassen beim ersten Husten alles liegen. Und bei uns selbst? Mir ist in letzter Zeit oft schwindelig, gestern habe ich mich endlich mal unserer Ärztin vor Ort vorgestellt. Sie will ein Blutbild machen und eine Urinprobe. Ich habe den Becher doch hier oben ins Regal gestellt – wo ist er?

Wie jedes Mal, wenn der Tag anders verläuft als gedacht, renne ich wie eine Irre durchs Haus, um hundert Sachen zu suchen oder aufzuheben. Bei RTL Punkt 12 wird im Gewinnspiel gefragt, was die Abkürzung für Kindertagesstätte ist. Kita oder Rita. Hätte ich sie doch zur Rita bringen sollen? Auf Netflix läuft eine Serie über Cheerleader, ich schluchze laut auf – die Jugend, so ambitioniert, hach, ist das schön.

Auf dem Weg in den Haushaltsraum falle ich beinahe über ein Bild, das vor Wochen von der Wand gefallen ist und danach hier abgestellt wurde. Ich bleibe einen Moment stehen, es ist verdächtig ruhig draußen. Es gibt zwar nichts Schöneres fürs müde Mutterherz als ruhige Kinder, aber wenn es zu ruhig ist, kannst du zu 99 Prozent davon ausgehen, dass irgendwer versucht, irgendjemandem irgendetwas in den Po zu stecken oder jemand meint, testen zu müssen, ob er von etwas Hohem, wo er draufgeklettert ist, runterfliegen kann.

Ich gehe zum Fenster und betrachte meine Jungs, die sich gut gelaunt und super fit im Garten vertun. Einer davon befüllt den Becher, den ich gerade noch gesucht habe, genüsslich mit Matsch, Steinen und Erde. Von Bauchweh ist seit zwei Stunden auf alle Fälle keine Rede mehr.

Wenn ich ehrlich bin, verstehe ich niemanden so gut wie meine Kinder. Sie wollen morgens lieber zum Bäcker, statt zur Kita. Sie verlassen den Esstisch nach zehn Sekunden, schreien wie Ronja beim Frühlingsschrei, wenn sie ein Nein hören, schmieren Knete überallhin, wo man sie hinschmieren kann, malen mit Farbe alles voll, was sich mit Farbe vollmalen lässt. Rücken gern Stühle durch die Wohnung, um an etwas heranzukommen. Brauchen dazu keine Hilfe, fragen auch nicht, versteht sich von selbst. Nehmen sich das Handy ihrer Mutter, es interessiert sie nicht, dass sie das nicht dürfen, und machen die Bilder fürs Familienalbum selbst. Holen es vom obersten Regal, wenn es sein muss, mit dem Stuhl, ist ja klar. Haben immer etwas anderes vor als das, was ihre Mama vorschlägt. Ich würde so gern jeden Moment davon ausdrucken. Falls der Drucker mitmacht. So vollgemalt und mit Knete drin.

Weit nach der Zeit für den Mittagsschlaf, den hier mal wieder keiner von beiden halten wollte, kommt das Nachmittagstief. Diese Uhrzeit killt mich. Ich mache ihnen irgendetwas auf dem Laptop an, gehe nach nebenan, um Wäsche zu sortieren. Zwischendurch blicke ich in ihr Zimmer. Der Große schaut gebannt auf den Bildschirm. Der Kleine reißt Seiten aus einem Buch. Er sieht mich. »Mama, kann ich deine Brüste hochheben?« »Äääh. Nein.« »Mama, aber angucken?« Ich weiß in dem Moment noch nicht, dass wir gleich mit fünf Regenschirmen, weil sie lieber einen in jeder Hand haben, durch strömenden Regen spazieren und dabei laut »Old MacDonald hat ne Farm« singen und dabei immer lauter, immer glücklicher werden. Dass danach eine Weltsensation passieren wird und sie ihr von mir kleingeschnippeltes Gemüse komplett aufessen werden und wie glücklich ich darüber sein werde, während ich mir parallel dazu alle drei Smoothies von heute Morgen reinkippen werde. All das weiß ich in dem Moment noch nicht, wo ich mich kurz frage, ob mein Leben vor oder nach den Kindern chaotischer war. Es ist eine Mischung aus besonderen Momenten und herausforderndem Alltag, daran hat sich nichts geändert. Ich hebe mein T-Shirt hoch. »Wow!!!!!!!«

21

GESCHWISTERLIEBE

Keiner von beiden will ohne den anderen. Aber wenn einer in sein Lego vertieft fantastische Welten entstehen lässt, der andere von hinten mit »Ey, Kacke« reingrätscht und der Turm zusammenbricht. Dann kann die Liebe schon mal schmerzen.

Wenn einer an der Matschküche steht und mit viel Geduld aus Steinen, Sand und Blättern den 15. Apfelkuchen backt. Der andere den 16. Kuchen wegnimmt. Wenn einer den anderen an den Haaren zieht oder von hinten in die Seite boxt. Wenn einer nicht darauf hört, was der andere sagt, dass wir nicht diesen Weg nehmen sollen, sondern den danebehen, und er deshalb sein Fahrrad umschmeißt und sich wütend auf den Boden wirft. Wenn der eine Dino größer ist als der andere und das genauso unverständlich ist wie, dass einer eher als der andere Geburtstag hat. Dann kann die Liebe auch mal nerven. Geschwisterliebe.

Wenn einer, sobald der andere kurz weg ist, »Wo ist mein Bruder?« fragt. Wenn sich lautstark darüber gestritten wird, wer die Ziegen zuerst füttern darf. Wenn man durch den Kita-Zaun lunst und beide Hand in Hand über das Kita-Gelände rennen sieht. Wenn die erste Frage, wenn man etwas ankündigt, »Mein Bruder kommt mit, ja?« ist. Wenn kein Tag vergeht, an dem sie nicht mit, nicht ohne einanderkönnen, aber das »nicht ohne« überwiegt.

Dass zwei Jahre die beiden trennen, merkt man nur, wenn einer Freunde besucht und der andere nicht versteht, warum er zu Hause bleiben soll. Ansonsten wird gleichwertig gestritten, gespielt, getobt, gekuschelt, gelacht.

Geschwisterliebe – ist oft erst ruhig, wenn alles schläft. Den anderen immer im Blick, der andere immer dabei.
Geschwisterliebe – kann man denn glücklicher sein als diese zwei?

USCHIS WISDOM

Rate mal!

Sie essen morgens am liebsten Obst. Sie gehen spätestens um 19 Uhr ins Bett. Sie klappen jedes Mal die Klobrille hoch oder, noch besser, sie setzen sich drauf. Sie lieben ihre Spielecke und beschäftigen sich stundenlang allein darin, ohne dass es zu Handgreiflichkeiten kommt. Ihre Mutter sieht jeden Tag bezaubernd aus, hat sehr viel Sex, führt aktuell viele tiefgehende Gespräche mit Freundinnen und entdeckt regelmäßig versteckte Talente, wenn sie nicht gerade ihrem neuen Hobby, dem Gärtnern, frönt oder in Büchern Lügen verbreitet. Übermorgen wird sie zum 14. Mal 21.

Finde den einzigen wahren Fact!

22

WOCHENENDE

Wochenende bei uns pädagogisch mega wertvollen und für alle anderen da draußen unerreichbaren Supereltern – versucht es gar nicht erst. Abwechselnd ist einer von uns beiden verantwortlich dafür, einen Ausflug zu planen. Also, außer ich hab's vergessen, dann haben beide nicht daran gedacht. Einmal im Jahr passiert auf jeden Fall irgendetwas.

Es ist nicht so, dass man sich etwas vornehmen muss, wenn man Kinder hat. Es ist nur so, dass es gut ist, wenn es einen Plan in der Hinterhand gibt, wenn man beim In-den-Tag-Hineinleben und bei dem, was passiert, wenn Kinder entscheiden, was passiert, irgendwann kurz davor ist, dass einem die Hutschnur platzt.

Heute ist es bei uns entspannt. Der Zweijährige hat keinen Bock auf Trockenwerden, Fahrradfahren ohne zu bremsen findet er jedoch eine klasse Idee. Vom Vierjährigen bekomme ich heute Morgen noch mehr Komplimente als sonst. »Mama, du hast schöne Brüste!«, »Mama, guck mal, du hast ganz lange Haare am Fuß.« Ich lächle ihn an, während ich versuche, seine kurz geschorenen Haare zu ignorieren, weil der Herr des Hauses aus Versehen den falschen Aufsatz genommen hat.

Apropos – besagter Mann befasst sich gerade intensiv mit dem Garten. Ich wage zu behaupten, die lärmresistenten Kopfhörer liebt er nicht ohne Grund. Ich gehe ins Bad, während es unten tobt, und betrachte ein weißes Haar an meinem Ansatz. Bestätigt das, dass ich eigentlich George Clooneys Tochter sein muss?

Am Mittagstisch stellt sich heraus, ich hätte mich viel zu lange verzogen und er müsste aaallles allein machen, selbst die Blumenbeete würde ich leer lassen, statt sie zu füllen. Das passiert, wenn man vorehelich nicht zuhört, obwohl ich 100-mal betont habe, in einer Ehe weder Essen zuzubereiten noch irgendetwas anzupflanzen – wenn hier jemand besamt wird, dann ich. Geht's eigentlich noch?! Mental Load macht also auch am Wochenende keinen Bogen um uns (Wechselsachen am Montag in die Kita bringen! Wechselsachen am Montag in die Kita bringen! Wechselsachen am Montag in die Kita bringen!).

Freitag plane ich manchmal, die Kids am nächsten Tag in ihren Schlafanzügen vorm Fernseher herumlungern zu lassen und meinen Mann ins Schlafzimmer zu locken. 24 Stunden später ist davon keine Rede mehr. Statt übereinander herzufallen, während die Kinder spielen, sitze ich mit dem Handy auf dem Klo, um mich auf Instagram über meine Familie zu echauffieren. Aber das Schönste am Elternsein ist ja, dass du mit sonst was für einem Gesichtsausdruck ins Bad marschieren kannst und trotzdem nach einem Blowjob gefragt wirst. Statt das Haus für den am Nachmittag geplanten Besuch zu putzen, zocken wir nach dem Mittag drei Level vom neuen Murmelspiel. Dieses Wochenende ist eins, wo wir uns morgens erlaubt haben, zu spät zum Kinderschwimmen zu kommen und nachmittags vergessen, dass wir verabredet sind.

Abends bringen wir die Kinder ins Bett, schauen drei Folgen *Modern Love,* liegen im Bett nebeneinander, mein Mann sagt mit seiner tiefen Stimme Gute Nacht. Plötzlich ist da ein Kribbeln, alles, was vorher nicht okay war, wird egal. Alle und alles da, was man braucht. Und ich schlafe seit langer Zeit zum ersten Mal wieder ohne Grübeln ein und acht Stunden durch.

USCHIS WISDOM

Für ein entspanntes Wochenende empfehle ich ...

1. Genauhinzuhören, was man braucht: sich ins Bad verkrümeln und das Handy durchscrollen oder joggen gehen, bevor die Kinder aufstehen?

2. Nie davon auszugehen, dass man beides schaffen kann. Immer vorher entscheiden. So sehr man sich in dem Moment, wo sie aufwachen, auch darüber ärgert, sich für das Falsche entschieden zu haben.

3. Es einfach sein zu lassen, wenn man keinen Bock auf den bevorstehenden Samstags-Putzen-Mittagessen-Unterlagendurchgehen-Wahnsinn hat. Man denkt vielleicht, dann zerfalle das ganze Kartenhaus. Aber oft passiert das Gegenteil.

4. Ich tobe gern mit meinen Kindern oder mache Witze oder baue einen Legoturm – wirklich richtig, richtig gern. Aber am allerliebsten drehe ich mich allein mit meinen Inlinern im Kreis. Wenn das nicht geht, wenn der Mittagsschlaf nicht klappt und stattdessen nur getobt wird und ich Ruhe brauche, dann schalte ich den Kindern den Fernseher an und lege mich selbst mit Laptop und Kopfhörern daneben und schaue eine lustige Serie. *Workin' Moms* ist gut. Auch gut sind: Doppelhaushälfte, Andere Eltern, The Letdown.

5. Das zu servieren, was immer geht, wenn beim Nachkochen von Omas Eintopf die Zwiebeln anbrennen und die grauenhafte Pampe keiner essen will: Nudeln kochen oder Pizza bestellen. Irgendwie muss ja Leichtigkeit in die Familienwochenendkiste kommen, wenn man nonstop darauf achten muss, dass sich keiner was tut.

23

SCHLAF

Man spricht nicht darüber. Aber jeden Abend sitzen wir neben dem Bett unserer Kinder, halten Händchen, küssen, versuchen uns langsam zu distanzieren, hören den ersten Widerstand, versprechen, im Zimmer zu bleiben, bleiben ruhig im Dunkeln im Schneidersitz sitzen, zählen innerlich bis 100, stehen im Zeitlupentempo auf, ziehen uns an der Tür hoch, öffnen sie langsam, versuchen, behutsam den Raum zu verlassen, das Knie knackt beim Aufstehen, der zweite Widerstand, diesmal energischer. »Ich gehe nur kurz auf die Toilette und bin gleich wieder da.« Werden auch an diesem Abend nach tausend- und einmal Gutenachtsagen kapitulieren und liegen bleiben, damit beim Verlassen des Raums kein Weinen beginnt.

Wir wechseln uns ab, mein Mann scheitert, genau wie ich. Es haut einfach nicht hin bei uns, sie wollen nicht allein ins Bett. Was wir falsch machen, frage ich mich jeden Abend, an dem ich von »Einfach nur Kuss und Gutenachtsagen« träume.

Seit vier Jahren geht das jetzt so. Dass sie nicht einschlafen ohne uns. Erst Boy 1, jetzt Boy 2. Entweder schlafe ich mit ein und wache weit nach Mitternacht Mascara verschmiert und mit ungeputzten Zähnen wieder auf oder ich verziehe mich im Halbschlaf mit dem Telefon auf die Toilette. Wenn ich es mal nach unten schaffe, döse ich Minuten später auf dem Sofa ein – im Hintergrund läuft die Serie, die wir seit Ewigkeiten zusammen schauen wollen.

Gemeinsam verbrachte Paarzeit? Wir sind so durch, wenn sie endlich schlafen. Mein Mann gibt die Hoffnung nicht auf und wartet oft auf mich. Es ist völlig okay, nach einem Tag mit Kindern abends keine Gesellschaft mehr zu brauchen – außer die von Grey's Anatomy vielleicht – und eine Runde nur für sich allein im Bett hemmungslos zu weinen.

Heute Abend läuft es ausnahmsweise glatt und sie liegen. Lesen still vor sich hin. Ist doch eigentlich ganz schön, dass sie uns noch brauchen. Alles richtig gemacht, denke ich und gehe leise nach nebenan. Ein lautes »Tiiiiiiieerex!« unterbricht meine Gedanken. Darauffolgender Austausch über das Buch: »Wo ist sein Mund?« »Hier.« »Ist das sein Pullermann?« »Nein, das ist sein Schwanz.« * Muss ich eingreifen? Nein, ich bleibe nebenan im Bad leise sitzen. * »Jahaa, hab ich doch gesagt.« »Wer ist das?« »Das ist seine Mama.« »Ist die Mama böse?« * Hab ich etwas falsch gemacht? * »Iiiiiiiiiiii!« »Wo, iiiih?« »Der hat die Kackapopo!« »Wer ist das?« »T-Rex.« »Okay, T-Rex.« * Die Stimmen werden lauter, ich glaube, es wird doch nichts mit dem Selbst-in-den Schlaf-Lesen ... * »Iiiiiiiiiiiih, guck mal!« »Was macht der?« »Will der Wasser essen?« »Guck doch mal, der will nicht ins Wasser.« »Hat der Angst?« »Ist der groß?« »Ja, der passt nicht in ein Haus.« »Wo ist Kacka?« »Andere Seite!«

Ich liebe es, bei solchen Gesprächen zuzuhören. Und kann es gleichzeitig nicht erwarten, bis die »Erwachsenenzeit« beginnt.

Nachdem sie irgendwann eingeschlafen sind, haben sie zwischen drei und vier Uhr wieder das Bedürfnis nach Nähe und wandern von ihrem Bett zu unserem. Dann schlafen drei friedlich und eine steht auf. Statt Schlaf gönne ich mir mitten in der Nacht oft ein bisschen Nägel machen, Weltreisen planen, Hornhauthobeln oder Sex and the City-Schauen. Denke, Ja, Mutti, sie schlafen immer noch nicht in ihrem eigenen Bett durch. Schreibe meinem Mann die Nachricht, »Baby, hol die große Matratze wieder raus, wir brauchen das Familienbett.« Um ein paar Stunden später mit Gummistiefeln und Regenmänteln und Pancakes in den Zoo zu marschieren.

PS: Literaturkritisch besprochen wurde »Dinosaurs love Underpants«.

»Schaaaatz, kannst du die Kinder ins Bett bringen, ich muss noch aufräumen!«

24

EHE

Die erste Sitzung Paartherapie. Noch 15 Minuten, bevor wir uns vor die Kamera verziehen. Ich sag ihm, er soll alles vorbereiten. Bilde mir ein, ihn antworten zu hören, ich wäre doch die, die das Ganze wollte. Kann aber wirklich nur Einbildung gewesen sein.

Der Bildschirm geht an. Ein netter Mann fragt in angenehmem Oxford-English, wie es uns geht. »Schlecht.« Er erklärt die Stresslevel-Stufen für Eltern anhand eines Wasserglases. Zeigt, wie wenig übrigbleibt für rationales Reagieren. Ein, bis zwei Milliliter Spuckrest etwa. Das Glas ist meistens schon vom Trinken mehrerer Personen verschmiert.

Danach zählt er mögliche Szenarien auf, warum man so struggelt als Paar mit kleinen Kindern. Wir können mit jedem etwas anfangen und nicken stumm. Er fragt nach unserem Kennenlernen – war das in England oder hier? Das erste gemeinsame Lächeln. Er macht das gut.

Er fragt, ob es etwas Schönes aus der ersten Zeit gibt, woran wir nach einem Streit denken könnten. Ich denke an die ersten anderthalb Jahre, die nur uns gehörten. In denen man nicht an sich arbeiten musste, weil man gute Eltern sein will oder ein Liebespaar bleiben. In denen man Fotos voneinander machte ohne Aufforderung, und so unheimlich verliebt auf den Menschen darauf blickte.

Er fragt, in was wir uns verliebt haben. Mein Mann betont meine Energie, meine Abenteuerlust, meinen Tatendrang. Ich seine Güte, seine Toleranz. Seine Tiefenentspannung, die mich bei mir selbst aufgrund ihrer Nichtexistenz so rasend macht. In all der Zeit, so scheint es, die ich für Liebe zum Detail aufwende, stellt sein Körper automatisiert Entspannung ein. Heute ist es genau diese Unbekümmertheit, die mich um den Schlaf bringt. All die Zeit, so scheint es, die ich dafür aufwende, mich darüber aufzuregen, fehlt meinem Körper zur Entspannung.

So ist es oft, meint der Therapeut, dass einen das vermeintlich fehlende Puzzleteil anzieht, sodass die andere Person aus genau dem Grund zur zweiten Hälfte auserkoren wird. Der Wunsch steht im Vordergrund, die selbsternannte Schwäche durch das Miteinander auszubalancieren. Das klappt auch, in den ersten Wochen der Verknalltheitsphase.

Und dann kommen sie – die ersten ernsten Krisen. Von Familienstreitigkeiten in der Schwiegerfamilie und mit den eigenen Eltern über Depressionen bis zur Arbeitslosigkeit und dem größten Killer von allen – Alltagsfrust. Er sagt: »Egal wie hoch und lang der Höhenflug am Anfang war – die Landung auf dem Boden der Tatsachen später ist für alle Eltern hart.«

Deshalb sind wir hier, setzt der Therapeut an. Die Paartherapie ist eine gute Sache. Wir haben eine gute Chance, sagt er, wenn wir lernen, so zu kommunizieren, dass wir uns wirklich hören.

»Ich weiß nicht, ob ich die Paartherapie machen kann. Ich möchte aktuell keine Ehefrau mehr sein.« Wenn wir Glück haben, gibt es in einer Woche *einen* richtig guten Moment.

Ich hatte mir das alles anders vorgestellt – das mit der Liebe, wenn sie zu einer Familie wird. Flüssiger. Weicher. Konstanter. Ich hatte mir das alles so oft anders vorgestellt.

Wenn man sich erst selbst verliert, dann neu aufbauen muss, während die Kleinen den Tag bestimmen – wie viel Platz kann da sein, um einer anderen Person etwas zu geben?

Wenn mal wieder ein ganzer Tag vorbeizieht, an dem wir uns nichts Nettes zu sagen haben. Wenn so viel gestritten wird, worum, weiß man nicht. Nur, dass der Groll konstant ist, die Auslöser nahtlos. Beide zu ausgelaugt, müde und fertig, um es gescheit zu klären.

Stille. Ich verspüre traurige Vibes vom Therapeuten, bekomme fast ein schlechtes Gewissen. Der muss doch wissen, dass man nur hierherkommt, wenn es ernst ist, oder nicht?! Er erzählt von John Gottmans »Liebeskiller in einer Beziehung« – Kritik; Rechtfertigung; Verachtung; Mauern; Machtdemonstration. Wer sich so verhält, steuert auf das Ende zu. Es ist mein Schattenkind, das da spricht. Das Sonnenkind in mir will die Familie. Das ist das, was er hier spürt. Er meint, wir sollen jetzt wirklich hinschauen, wie wertvoll wir als Familie sind – wir brauchen das aktuell mehr denn je. Das klingt mir zu optimistisch, zu happily ever after, das fühle ich in diesem Moment nicht.

Das totalitäre Durchsetzen meiner To-do-Listen, das mit so viel Stress und Anspannung verbunden ist. Das meiner Meinung nach nicht existente Einfühlungsvermögen, das ich meinem Mann so oft vorwerfe. Diese ganzen leidigen Themen, über die man sich streitet. So viele unerfüllte Erwartungen und Bedürfnisse, so viele Schwächen, so wenig Aufmerksamkeit für die Stärken. Obwohl uns all das weder minderwertig noch unvollständig macht.

Wenn dann Jahre daraus werden, aus der Unzufriedenheit und der gefühlten Unzulänglichkeit des Partners, hilft doch nur, die Reißleine zu ziehen, oder nicht?

Er schlägt vor, dass wir die Emotionen rausnehmen und erst

mal »nur« noch praktische Entscheidungen treffen. Einen Plan machen, an den wir uns halten. Zwölf oder achtzehn Monate dem Ganzen eine faire Chance geben. Aber eine richtige, ohne Rumgeeiere und Gemurre. Danach kann jeder seiner Wege gehen, wenn er/sie immer noch nicht wieder will. Das haben wir und die Kinder verdient. Das ist das Vernünftigste, was ich seit langem gehört habe. Dafür zahlen wir gern das Geld.

Dann geht es um Zukunftsfragen. Ich muss immer wieder schlucken, wenn mein Mann antwortet – aus seinem Mund klingt alles so anders, als ich es empfinde. Der Therapeut erklärt, wer so gestresst ist wie ich, der hört aus allem einen Angriff heraus. Es gilt, wieder Vertrauen aufzubauen. Ich nicke ungläubig, so gewohnt bin ich die versteifte Wutblase, in der es so lange schon nur um die (Nicht-)Erfüllung meiner Bedürfnisse geht.

Was unsere ideale Situation wäre? Es fällt mir schwer, das zu beantworten – zu müde, zu enttäuscht, zu leer.

Ob er denkt, dass es jedes Paar schaffen kann, frage ich. Meine Zweifel, dass wir zu verschieden sind, um einen Alltag mit viel Verantwortung miteinander zu teilen, sitzen tief. Nicht alle, meint er, aber ihr bestimmt. »What could you do to support him? What could he do to support you?«

Es ist leicht, keine Paartherapie zu machen, ein guter Grund schnell gefunden. Das Leben zu voll, der Körper zu müde, die Liebe – zu viel Druck. Aber der Therapeut schafft es, uns aufzubauen. Ohne erhobenen Zeigefinger auf unsere Baustellen zu weisen. Alte Muster zu benennen. Uns an unseren Herzenswunsch zu erinnern, den wir gemeinsam leben. Am Ende gibt es Hilfestellungen: »No Judgement für die nächsten Tage.« Drei kleine Bitten an das Gegenüber, die er/sie täglich erfüllt, ohne dass man nachfragen muss. Einen Fragebogen zum Ausfüllen. Abschließend macht er eine Atemübung mit uns. Ich blinzle zu meinem Mann, der die Augen geschlossen hat und der nach langem Bitten diesen Termin für uns organisiert hat. Der nach dem Auflegen euphorisch scheint, ich bemerke fast Verliebtheitvibes. Mein erster Impuls ist anders. Erst mal sacken lassen.

Als wir die Kids unten begrüßen, streichelt er meinen Rücken. Wir schweigen, aber nicht unangenehm. Tausendmal angenehmer als der Frost davor. Dann will mein Mann reden, fragt viel nach. Wir schnappen uns die Kinder und gehen spazieren. Wenn man großes Glück hat, ist aus der Verliebtheit Liebe geworden. Das merkt man daran, dass man weitermacht – egal, wie hart es ist. Jeden einzelnen Tag.

Verheiratet sein: Den Großteil des Tages vom Partner genervt sein, statt zu antworten, in sich reinnörgeln, das Gesicht zusammengezogen wie eine verschrumpelte Pflaume, und sobald er weg ist, nicht aufhören können, über ihn zu reden.

USCHIS WISDOM

Zusammenbleiben – geht das?

Nicht alle können bei chronischem Schlafmangel und hormoneller Dysbalance gute Laune und Freundlichkeit versprühen und sich einreden, dass das schon okay ist, dass man selbst und vor allem das, was man zu zweit war, gerade nicht zählt. Schrecklich ist diese Zeit als Paar. Nichts schönzureden daran. Diese Jahre zusammen durchzustehen, ist das Bestmögliche, was ich mir an »Paarbleiben als Eltern« vorstellen kann.

Oder sich doch mehr erhoffen und sich trennen? Viele stellen sich diese Fragen täglich, ohne jemandem davon zu erzählen. Die meisten Paare durchwandern als Eltern all diese Grade, auch wenn nach außen alles shiny wirkt. So gern würde ich Mäuschen spielen, wie es anderen zu Hause ergeht beim Versuch, eine Beziehung mit der Verantwortung für eine Familie zu führen.

Niemand will das »Problempaar« sein. »Ihr kriegt das schon hin!« Gar nichts kriegt man hin ohne viel Arbeit oder professionelle Hilfe von außen. Wenn es so richtig kracht, weil verschiedene Ansichten aufeinandertreffen, die vorher ungeklärt waren. Wenn man sich so richtig aus den Augen verliert, weil man nach einem Tag und einer Nacht mit kleinen Kindern niemanden berühren will, geschweige denn mehr.

Ich werde nie vergessen, wie wir in London mit einem befreundeten Paar beim Dinner erwähnten, dass wir struggeln, seit wir Eltern sind. Stille am Tisch, einer der beiden schnitt schnell ein anderes Thema an. Ist ein Hilferuf nicht vertretbarer als kaputtgehende Eltern, von denen keiner etwas mitbekommt?

Wenn ihr könnt, blockt euch 30 Minuten ohne Unterbrechung und befragt euch gegenseitig, ohne euch dabei zu unterbrechen:

1. Woran erkennst du eine Krise?
2. Was hast du bisher dagegen unternommen?
3. Was wünschst du dir als Ergebnis?
4. Was ist das Schlimmste an eurer Beziehung?
5. Was ist das Schönste?
6. Wer übernimmt was, damit ihr Hilfe bekommt?

Wer diese Zeit gemeinsam überstehen will, muss erst mal einen Weg finden, sich selbst zu stärken. Unzufriedenheiten aufgrund der Unzulänglichkeiten des anderen haben noch nie geholfen (sagt die Frau, die sich dauernd beschwert).

25

URLAUB

»Schönen Urlaub!«, sagt die Erzieherin, als ich die Räuber von der Kita abhole. Ja, es stimmt, vom morgendlichen Machtkampf habe ich mich immer noch nicht erholt. Und ja, okay, ich sehe echt fertig aus, und für gewaschene Haare, ein gutsitzendes Kleid oder Make-up hat es mal wieder nicht gereicht. Aber muss man denn so direkt sagen, dass jemand reif für eine Auszeit scheint?

Oder weiß sie etwas, was ich nicht weiß, und mein Mann hat endlich den »geheimen« Rom-Trip für uns zwei organisiert, mit dem ich ihm seit Monaten in den Ohren liege, und ich werde hier gerade überrascht wie im schönsten Hollywoodfilm?

Ich starre schockiert auf den Zettel, den sie mir drei Sekunden später unter die Nase hält. »Urlaub Familie B: 10.-28. Juni.« Sie hat sich mittlerweile zwar daran gewöhnt, dass ich jede Kita-Angelegenheit vergesse, aber ihr Blick verrät, dass ich es gerade trotzdem schaffe, sie mit meiner Verpeiltheit noch zu überraschen.

Woher kenne ich diesen Zettel?, überlege ich verkrampft. So langsam dämmert es mir. Sechs Monate zuvor hatte ich das Ding im Kita-Fach meines Sohnes liegen gesehen. Die Jahresurlaubsplanung – zwei ganze Wochen Kita-frei am Stück will die Leitung festgelegt haben. Ich erinnere mich, wie mich beim bloßen Hinschauen ein Beklemmungsgefühl befiel, wie es sonst nur Anwaltsschreiben und Steuerbescheide verursachen können. Wie soll ich denn schon Anfang des Jahres wissen, wann ich Bock auf Urlaub habe, und bitte, wie legt man sich in diesem Leben überhaupt auf irgendetwas fest, was nicht nächste Woche stattfindet?! Wenn ich mich recht entsinne, habe ich das gemacht, was ich in so einer Situation am besten kann: den Zettel zusammenfalten und verschwinden lassen.

Einen Monat später lag eine Verwarnung im Fach. Die Kita-Leitung zog drastischere Saiten auf. »Erste Mahnung. Verstoß: fehlende Urlaubsplanung.« Den Kampf werde ich nicht gewinnen. Ich krakelte irgendwelche Zahlen hin, die in diesem kalten, düsteren Winter nach Sommer aussahen, und widmete mich wieder den streitenden Gurken.

Nun scheint besagtes Datum also gekommen. Die Erzieherin blickt immer noch fragend, und ich löse mich so langsam aus meiner Schockstarre. Bei der Vorstellung von zwei Wochen Kita-frei helfen nur schwere Geschütze. Ich brülle laut und solange ich kann: »Neeeeeeeein!«.

Die Gurken verschlucken sich an den fünf Trinkbechern voll Wasser, die sie gerade noch auf dem Getränkewagen übereinandergestapelt haben, und ich improvisiere: »Ich habe total vergessen, das heute Morgen mit Ihnen zu besprechen. Das tut mir leid. Mein Mann bekommt keinen Urlaub, hat sich ganz spontan herausgestellt. Äh, gestern. Die haben ein neues Projekt. Erzählen Sie denen mal was von Familienmodell ...« »Ich muss nicht nur zwei Wochen planen, sondern meinen kompletten Jahresurlaub«, entgegnet sie ohne Mitleid.

Um aus der Nummer wieder herauszukommen, setze ich auf die letzte Karte: »Bei uns läuft es gerade nicht gut.« Die

Erzieherin Mitte zwanzig ohne Kinder und die neue Single-Mum. Das muss doch Sympathien schaffen. Auch wenn ich ab jetzt mit neugierigen Blicken und mein Mann mit Flirtoffensiven rechnen muss. Der Preis ist es mir wert. War ja auch wirklich nicht leicht zwischen uns in letzter Zeit …

Sie winkt ab und wendet sich anderen Eltern zu. Ich renne hoch zur Leitung und versuche meinem Albtraum, ab heute Nachmittag zwei Wochen auf meine Kinder aufzupassen, mit viel Überredungskunst zu entgehen. »Diese Bambushütten, die sie aufgestellt haben auf dem Spielplatz, die sind sooo geschmackvoll!« »Ja, danke, die haben wir seit fünf Jahren. Die Urlaubsplanung ist aber durch.«

Vor dem Kita-Tor treffe ich eine Bekannte, deren ältestes Kind bereits in der Schule ist. Ich setze gerade an und möchte ihr von unserer Misere erzählen, aber wie sooft bei müden Muttis, hört sie nur, was sie hören will, beziehungsweise bezieht etwas auf sich, was sich um uns dreht. »Habt ihr ein Glück, dass ihr euren Urlaub noch planen könnt, wann ihr wollt!« Äh, ja, genau, großes Glück.

Der Vorzug, für einen Vierjährigen und seinen zweijährigen Bruder mehrwöchige Urlaube außerhalb der Ferienzeiten zu planen, ist für mich in dieser Lebensphase nicht ganz ersichtlich. Der gestrige Nachmittag zog sich mal wieder extrem und beim Einschlafen lief es stundenlang nicht anders. Die Vorstellung, zwei Wochen am Stück ohne Pause davon, zieht mir die Schuhe aus, deren Schnürsenkel eh schon lose nach unten hängen, meine Fersen treten das hintere Teil runter, wer hat schon Zeit, Schuhe ordentlich anzuziehen?

Ich fahre nach Hause – »Macht euch einen schönen Urlaub!« – und wähle die Nummer meines Mannes, um ihm die

Botschaft zu übermitteln, dass wir die nächsten 14 Tage zusammen verbringen. Er ist »offen für alles, Hauptsache, kein Stress«. Ich googele »Jakobsweg ohne Mann und Kinder«. Das Telefon klingelt. »Wir haben doch das Zelt noch, oder? Die Jungs wollten das immer mal ausprobieren.« Ich öffne ein neues Tab, tippe »Last Minute« ein, mein Kopf produziert Bilder von langen Schlangen vorm Büfett. Ich rufe ihn zurück. »Zelten kannst du vergessen. Aber ich frage Tante Helene, ob wir ihr Wohnmobil haben können.«

26

WOHNWAGEN

Samstag, 22 Uhr, wir sind vom Urlaub zurück. Mann ist eingeschlafen. Die Jungs spielen vergnügt mit ihren wiederentdeckten Spielzeugen in ihrem Zimmer. Ich sitze auf der Terrasse und telefoniere. Berlin hat sich bei der Ankunft direkt von seiner altbekannten Seite gezeigt. Am Südkreuz angekommen, blickte ich auf einen Pimmel, dessen Besitzer mitten im Bahnhof in einen Mülleimer pisste. Das Bild kriegst du nicht mehr aus dem Kopf. Das ist so nervig. Eine Bekannte meinte, ihr falle, wenn sie aus Berlin herauskomme, in anderen Städten immer auf, dass sie noch niemanden in einen Blumentopf habe kacken sehen.

Zwei Wochen Wohnmobil ... Ich atme durch. Ich musste viel atmen in den letzten vierzehn Tagen, in denen wir dachten, auf engstem Raum in einem alten Fahrzeug kochen, schlafen und relaxen wäre die Mega-Urlaubsidee.

Zwei Wochen Wohnmobil ... Es war so nervig, die einzigen Chaoten auf dem Platz zu sein, die offensichtlich nicht das ganze Jahr auf diesen Moment hingearbeitet hatten, die keine perfekte Ausrüstung besorgt hatten, um sich dann in Italien perfekt zu präsentieren.

Zwei Wochen Wohnmobil ... Mein Highlight war der Campingplatz-Pool. Bin beim Betreten erst mal hingefallen. Es hat gefühlt 20 Sekunden gedauert, komplette Zeitlupe und ich weiß nicht, wie man es beschreiben kann, ich kenne dieses Gefühl erst seit der Mutterschaft. Wenn etwas passiert und du bist zu müde, um etwas dagegen zu tun. Mein Mann hat mich danach gefragt, was los war. Ich glaube, er dachte bis vor kurzem immer noch, er hätte damals Salma Hayek abgecheckt und kann es nicht glauben, dass es in Wirklichkeit Mr. Bean war.

Zwei Wochen Wohnmobil ... Nach drei Tagen begann ich pseudomäßig nach dem Frühstück vor dem Wagen zu kehren, um dazuzugehören. Kann man sich sparen. Unsere Hängematte passte nirgendwohin, der Grill kippte dauernd um, die Abspülschüssel wurde von den Jungs entwendet, der Tisch wackelte, die Klappstühle klappten zu, statt auf. Wie kann man für so viel Arbeit so viel zahlen und das Urlaub nennen?

Zwei Wochen Wohnmobil ... Hauptsache, neben der Bühne parken, auf der jeden Abend Kroko sein Programm startete, unsere Jungs einfach hinrannten, während wir uns gerade umzogen. Na ja, ob man einen Schlüpper anhat oder nicht, wenn man seine Kinder in einem vollen Saal vor einer Bühne einsammelt ... Die Frage stellt sich im Camperparadies wohl nicht.

Zwei Wochen Wohnmobil ... Ich versuchte mich zusammenzureißen. Es ging aber nicht. Einmal lag ich auf der Liege am Strand und wurde plötzlich traurig. Wir hatten zuvor aktiv über eine berufliche Idee von mir gesprochen, gefolgt von der vernünftigen Einsicht, dass der Plan nicht konkret genug ist, dass die Idee zu zeitig da war. Ich sagte zu meinem Mann, du, ich glaube, ich muss zu unserem Platz zurück, aber da ging es schon mit dem Weinen los. Schnell wurde daraus ein Heulkrampf. Mein Mann hat es nicht so mit öffentlichen Gefühlsausbrüchen und buddelte bei jedem

Schluchzen immer tiefer im Sand. Dann kam von hinten eine Frau. 80, würde ich sagen. Hippie. Schick. Holländerin. Bat mir ihre Hilfe an. Lieb fand ich das. Dann sagte sie plötzlich, dass man ganz klar sehe, »There is no love«. Sie spüre unsere negativen Vibes aus hundert Metern. Sie hat recht, dachte ich in dem Moment. Wenn man traurig ist, ist man auch empfänglich für anderer Leute Scheiß.

Eine Minute später bemerkte ich bereits, wie grenzüberschreitend und übergriffig das war, aber da war sie schon weg.

Es gibt viele Leute mit ganz »tollen« Ratschlägen und Meinungen. Die wirken nach außen sehr stark, gefasst, vernünftig, als hätten sie alles im Griff, und erst beim zweiten Hinschauen fällt auf, wie leicht es ihnen fällt, die Zweifel anderer zu hören, während sie selbst aber gar nichts preisgeben. Die machen ihr ganzes Gedöns mit sich selbst aus. Und dann erfährt man so nebenbei und immer hinterher, sie haben sich getrennt, das Haus ist verkauft, der Job gekündigt.

Und dann gibt es die Zartbesaiteten, die sich sehr oft selbst infrage stellen. Und so leben wir alle mit- und nebeneinander. Sowohl in unserem Dorf in Brandenburg als auch hier auf dem Zeltplatz. Und jede und jeder hat seine Berechtigung, hier zu sein.

Zwei Wochen Wohnmobil … Mein zweites Highlight war ein Vormittag, an dem ich, während die anderen am Strand waren, Prosecco von der Bar geholt und mich mit meinen restlichen mobilen Daten hinter das Klohaus gesetzt und eine Folge *Outlander* (Jamie und Claire hatten wieder Wahnsinnssex), geguckt habe. Da ich nichts mehr vertrage, war ich von dem einen Glas völlig hinüber. Und selbst als Mann und Kinder längst zurück waren – »Hier Mami, mach mal, haste nicht, wo ist das, Mami, bitte« –, saß ich da und zelebrierte jede einzelne Minute leicht vernebelten Rauschs. Klatschte laut, als Krokos Abendprogramm begann.

Zwei Wochen Wohnmobil ... Kann ich definitiv für immer von der Liste an »Dingen, von denen man denkt, man müsste sie erleben« streichen. Die Kinder fragen seither ständig, ob wir das bitte wiederholen können. Es sei so wunderbar gewesen, es war der allerschönste Urlaub. Ob sie sich an Venedig erinnern? Wie wir uns mit einer anderen Familie vom Zeltplatz auf das Boot quetschten. Um nach dem Ankommen zwei Stunden in engen Gassen über hundert Brücken, darauf achtend, nicht in einen der tausend Kanäle zu fallen, vier kleinen Kindern hinterherrannten, während andere Touristen romantische Bilder von sich machten. Ich hätte vor Ort viel dafür gegeben, stattdessen in einer Büfettschlange zu stehen.

27

ERZIEHUNG

Wir sind Eltern von zwei kleinen Kindern. Irgendwann ist dann nicht mehr nur Peek-a-boo, oder Head, Shoulders, Knees and Toes. Dann gibt es Situationen im Alltag, in denen es klappen muss. Zur Kita gehen, mit Roller und Fahrrad auf dem Gehweg klarkommen. Es geht um Gefahren, es geht darum, dass die Kinder in bestimmten Situationen auf einen hören.

Als wir zum ersten Mal in einer Situation waren, in der es nicht geklappt hat, wurde klar, dass wir damit ganz anders umgingen. Wir wollten die Situation auf völlig unterschiedliche Art und Weise lösen. Bis dahin war ich naiv davon ausgegangen, dass wir bestimmt immer das Gleiche wollen, was unsere Kids betrifft. Beziehungsweise habe ich mir darüber nie Gedanken gemacht. Nun – dem ist nicht so. Wenn man sich im Bekanntenkreis umhört, sind verschiedene Meinungen zur Erziehung das Streitthema Nummer eins.

Man weiß grundlegend, man hört es ja überall, dass man, wenn man zu zweit den Familienladen schmeißt, vor den Kindern eine Einheit bilden muss, weil man sonst gegen die Wand fährt. In der Theorie klingt das schlüssig. Aber in der Praxis passiert der Alltag, und dann sind da die Kinder, die es sofort checken, wenn die Eltern zwei verschiedene Sprachen sprechen, zwei verschiedene Meinungen zur Erziehung haben, und man steckt hilflos mittendrin.

Meistens geht es darum, dass ein Elternteil findet, dass der andere ein bisschen geduldiger sein könnte. Ein bisschen empathischer. Mehr Quality time mit den Kindern verbringen sollte, wie wir das auf Instagram nennen. Von sich aus. Ohne dass es der andere organisiert.

Ich habe die letzten drei Jahre damit verbracht, viel Zeit und Energie in Gespräche zu investieren, die nur ein Ziel hatten: ihn davon zu überzeugen, dass mein Weg der richtige ist. So in die Richtung, nachdem es Krach gab: »Wie siehst du denn die Situation? Würdest du das das nächste Mal anders machen? Bist du okay mit deiner Reaktion?«

Ich habe irgendwie angenommen, es wäre meine Aufgabe – zusätzlich zu all dem, worum ich mich im Alltag kümmere –, meinen Mann ungefragt dabei zu unterstützen, wie er ein super-empathischer, bedürfnisorientierter Papa wird. Quasi ein Abbild von mir, nur zwanzig Zentimeter größer.

Mir ist erst sehr spät bewusst geworden, dass das überhaupt nicht funktionieren kann. Und dass es auch gar nicht das ist, was ich eigentlich will. Ich möchte, dass wir es zusammen hinbekommen.

So kamen wir zur Familientherapie*. Die half uns, erst mal herauszufinden, was unsere eigenen Werte sind. Das hilft wiederum dabei, zu verstehen, wie man auf andere wirkt, dann kann man sich ein bisschen besser erklären, warum es

---

* In einer Familientherapie wird man als Eltern über ein Jahr oder länger therapeutisch begleitet. Die kann man übers Jugendamt organisieren, über Erziehungshilfe, Kirche, etc. Einmal die Woche werden aktuelle Themen mit neutralen außenstehenden ExpertInnen erörtert.

so läuft, wie es läuft. Man muss am Anfang auch gar nicht wissen, wohin die Reise geht. Man kann seine Probleme benennen. Manchmal kann man nicht einmal genau benennen, was es ist, was einen stört.

Nach einer Weile wurde es dann praktisch und alltagstauglich im Hinblick auf Erziehungsfragen. Die Therapeuten sprachen Dinge aus, die wir selbst ändern müssen. Kurz denkt man: Häh! Wie jetzt? Ich dachte, der andere sei schuld, der andere müsse sich ändern?! Das wäre so viel einfacher.

Ich habe zum Beispiel gemerkt, dass es mich heftig triggert, wenn wir uns in bestimmten Situationen unterschiedlich vor den Kindern verhalten. Das liegt aber nicht an der Reaktion meines Mannes, sondern in meiner eigenen Kindheit begründet. Darum ist es wichtig, in solchen Streitsituationen zu unterscheiden: Was ist das innere Kind in mir, das reagiert – vergangenheitsbasiert –, und was ist die erwachsene Frau und Mutter? Womit kann ich leben und womit nicht? Und wie kann ich das heilen?

Ich könnte die nächsten 18 Jahre so weitermachen, ihn dazu zu motivieren, so zu erziehen wie ich. Oder ich lasse es bleiben und konzentriere mich darauf, wie ich zu und vor den Kindern bin. Was sie brauchen, ist, uns als harmonische Einheit zu erleben. Was wir lernen können, ist, uns gegenseitig dabei zu unterstützen. Zitat der Therapeutin: »Kindern ist es nicht wichtig, was für einen Erziehungsstil die Eltern haben und ob er sich unterscheidet. Kindern ist wichtig, dass ihre Eltern sie lieben.«

USCHIS WISDOM

Gemeinsam erziehen – kein Kinderspiel

Als Eltern muss man früher oder später über Dinge sprechen, bei denen man nicht wegschauen kann, was die Kleinen betrifft. Es wühlt auf, wenn man dann dasitzt und es in die Materie geht.

Wenn feststeht: Es geht auf gar keinen Fall für mich klar, wie mein Partner das macht, liegt die Schlussfolgerung auf der Hand: Wir können das nicht zusammen machen. Die Lösung ist Trennung. Besonders, wenn Gewalt im Spiel ist. Wann schadet man sich und seinen Kindern, wenn man zusammenbleibt? Aber wenn es um Nuancen geht, wenn man erst mal gar nicht genau weiß, warum einem eine Reaktion des Partners oder der Partnerin nicht gefällt, lohnt es sich, genau hinzuschauen. Oft zieht man ein bestimmtes Thema über Jahre mit sich, da kann einen sonst wer drauf hinweisen, der Partner, die Familie, ein Buch, und man hört es trotzdem nicht. Beziehungsweise hört man es, aber man versteht es nicht. Versteht nur, was man verstehen will, hört nur, was man hören will.

28

BABYZEUG

Covid. Mal wieder so ein Abend, den ich damit verbringe, wutschnaubend verschütteten Nagellack vom Badezimmerboden wegzuschrubben, statt mit lackierten Nägeln auf einer Vernissage zu brillieren.

Nebenan im Schlafzimmer rumst und tobt es weit nach 20 Uhr. Die nächste Heulattacke, weil einer den anderen geschubst/gezwickt oder getreten hat, liegt maximal eine Minute in der Zukunft. Ich frage mich, was der Geheimtrick ist, damit Sepia-Familienglück rauskommt, statt kaputte Türrahmen und verschütteter Nagellack. Zu dem Zeitpunkt weiß noch niemand, dass wir nicht nur ein paar Wochen, sondern die nächsten Monate gemeinsam zu Hause verbringen werden.

Dank Corona hat sich mein Beruf als freie Dozentin in Luft aufgelöst. Das New Yorker Gesundheitsamt veröffentlicht einen Corona-Safer-Sex-Guide, der u. A. vor »Rimming« (Lecken des Anus') warnt. Ja cool, denke ich nur, in diesem Haushalt sind wir also sicher. Falls es Corona-Babys gibt, dann sicher nur von Eltern mit einem Kind.

Apropos: Das Babyzeug wartet seit Wochen darauf, aussortiert oder behalten zu werden. Man weiß in der Woche oft morgens schon nicht, wie das gehen soll mit Homeoffice, parallel Kinder und Haushaltschmeißen. Und dann ist wieder eine Woche rum und irgendwie ging es doch.

Der Lockdown macht alle Verhaltensweisen extremer, die vorher schon da waren. Heißt bei uns: Einer ist noch entspannter als vorher, zwei machen noch mehr kaputt und eine hämmert um sechs Uhr morgens, was das Zeug hält, um neue Bilder an die Wand zu bekommen, schiebt wie eine Bekloppte Möbel durchs Haus, wo andere joggen oder To-do-Listen schreiben, um ein paar Wochen später alles wieder umzustellen und umzuhängen, juhuuu!

Lockdown: Wenn sie abends im Schlafzimmer abhängt, weil sie den ganzen Tag im Wohnzimmer war. Und er im Wohnzimmer, weil er den ganzen Tag im Büro, äh, Schlafzimmer war. Das ganze Ringen um individuelle Bedürfnisse und Aufmerksamkeitsansprüche von vier Menschen, das kann man Familienglück nennen – wir finden: Es schlaucht.

Getrennt wird hier seit kurzem auch geschlafen. Uiuiui, dachte ich früher darüber. Wenn es hieß, was für ein tolles Team sie seien und dann der Nebensatz fiel, dass er seit der Geburt im Wohnzimmer schlafe. Da hatte ich noch nicht verstanden, dass getrennte Zeit die beste Teambildung für eine Familie ist.

Mein Mann besteht aufs Ehebett. Es ist seine Vorstellung von Harmonie – dass er in »seinem« Bett schläft. Aber wenn man in einer Pandemie mitten in der Nacht mehrmals streitet, wer von zwei Menschen, die fix und fertig sind und nichts mehr zu geben haben, bleiben darf und wer aufs Sofa geht, braucht es eine Lösung. Ich bin die, die nicht kuscheln will. Seitdem liegt neben meinem Schreibtisch eine Matratze, auf der ich eindöse, wenn ich niemanden mehr sehen und fühlen kann. Dass das etwas Gutes ist, was Druck rausnimmt und Nähe schafft, versteht man erst, wenn man es braucht.

Wenn wir uns noch länger meine Planung für die neue Woche anhören, an die sich ab Mittag eh kein Schwein mehr hält, kommen die Dessous, die ich vor einer Weile wiedergefunden habe, für immer zurück in den Schrank, I swear.

Seit die Kita zu hat, geht es also in den Wald statt auf den Spielplatz. Wir verbringen 24/7 mit diesen kleinen Wundergeschöpfen, starten Kissenschlachten, tanzen. Der Vierjährige kann unserer neuen Homeoffice-Ecke im Haus weit mehr abgewinnen als wir und ist gewillt, alles zu beschriften, was er darin finden kann – Muttis Ordner, Tisch, Stuhl und Wände –, Hauptsache, nicht im Kinderzimmer spielen. Ist auch wirklich gar nicht anstrengend oder so.

Letzte Woche hat der Typ, der in vier Jahren nicht EIN Date organisiert hat, einfach so einen krassen Scherenschnitt aus dem Ärmel geschüttelt. Die Jungs rannten danach, sich vor lauter Lachen fast übergebend, mit selbstgemachten Windspielen durchs Haus. Es hieß dann den Rest der Woche nur noch »Daddy hier, Daddy da«. Wart's nur ab!

Dauernd kommt er mir mit irgendwas um die Ecke, was ich machen soll. Kräuter anpflanzen oder die Palmen vorm Sterben retten. Die hören einem echt nicht zu. Immer nur Muschimuschimuschi im Kopf. Es ist zum Verrücktwerden! Fühle mich mit meiner schillernden Persönlichkeit so was von ignoriert. Es reicht, dass ich mit Klopapier im Kindersitz durchs Dorf radeln muss. Das hatte ich mir immer geschworen – niemals öffentlich Klopapier tragen! Eines Tages werde ich das noch bereuen, ich habe es im Gefühl.

Während die Jungs ihr Zimmer auseinandernehmen, frage ich meinen Mann, ob er kurz den Schreibtisch in unserem Schlafzimmer, auf dem seit Wochen gleich neben unserem Bett ein großer, hässlicher Arbeitsbildschirm steht, verlassen kann, um ein Bild von seiner Queen zu machen, wie ich in meiner neu arrangierten Ladieslounge ganz spontan abhänge. Der Mann hat leider nur drei Sekunden, der große Bildschirm tutet laut. Ich lasse das Buch fallen vor Schreck. Der Mann braucht einen Fotokurs. Ich kann es nicht mehr hören, den Zoomsound, werde ganz nostalgisch bei dem Gedanken, wie aufregend Skype 2005 im Auslandssemester klang. Mutti verlässt ihre neue Ecke, macht Eiskaffee, überlegt, ob sie die Inlineskates rausholt für später. Ich liebe den Enthusiasmus von Aktivitätenideen, der sofort verpufft, sobald der Nachmittag beginnt. Piep macht der Trockner – mein persönlicher Homeoffice-Call dieser Tage.

Unser gemeinsamer Lockdown – finanziell unsicher, kräftezehrend. Wir haben schon mindestens zweimal zusammen ein Kartenspiel gespielt. Die Dessous hatte bisher nur der Kleine an. Es ist, was es ist, lasst uns das Beste draus machen. Drüben weint es. Gute Nacht, äh, schönen Nachmittag. Das Babyzeug bleibt.

Kann mal einer diese Gurken festhalten, wie kann man so viel Energie haben?! Was – noch acht Stunden bis zum Abendbrot? Leck mich hart.

29

RAUSZIEHEN

Der Freitagmorgen beginnt mit meinem neuen Hobby – Schwangerschaftstests in Urin tauchen. 180 Sekunden draufstarren. Die mittlerweile beachtliche Sammlung miteinander vergleichen. Meinen Mann für seine Meinung zur aktuellen Strichstärke aus dem Schlaf wecken. Seit 14 Tagen geht das jetzt so.

Bloß kein drittes Kind, hörte er vorher von mir, um uns beide zu verletzen. Das letzte Jahr verging mit vielen gegenseitigen Verletzungen. »Ich will mich trennen« wurde öfter gesagt als »Ich will ein drittes Kind«. Zu anstrengend, zu schwer, zu leer scheint alles zwischen uns, kein Platz mehr für gemeinsame Träume.

Ich bin es so leid, die Einzige von uns beiden mit dem Bedürfnis nach Romantik im Alltag zu sein. Ich glaube den ganzen Profilen mit dem Push present zur Geburt und dem spontanen Blumenstrauß in der Hand. I know – wie natürlich ist das? Wer hat bei dieser Überraschung just in diesem Moment das Bild gemacht? »Schaaaatz, kannst du mir den Blumenstrauß reichen??? Brauche noch ein Bild für die Caption #foreverlove! Komm bitte, Kamera ist ready, der Post muss raus!«

Und trotzdem. Je weniger inszenierte Gesten im Alltag, desto größer wird mein Frust. Es ist eine Einbahnstraße, die zur Sackgasse wird – als Frau von einem Mann Dinge zu erwarten, die er schon vor den Kindern nicht abgespielt hat. Natürlich weiß ich, dass wir beide müde sind und ich genauso wenig seine Liebessprache abspiele. Dass nicht alles Gold ist, was glänzt. Aber ich will nicht mehr als selbstverständlich betrachtet werden. Ich will nicht die natürlichste Mutter der Welt sein. Ich will roten Lippenstift am Champagnerglas, während die Kinder im Garten turnen. Ich will angeschaut werden. Ich will meinen Mann um den Verstand bringen, statt ihm auf die Nerven zu gehen. Ich will öfter weg sein von all dem und danach voll Sehnsucht nach Hause kommen. Hex, hex, so soll es sein!

Ich wusste es direkt, spürte bereits wenige Tage nach unserer Vereinigung zum gegenseitigen Stressabbau, dass sich etwas in mir tut. Auf dem Test heute erscheint binnen Sekunden ein fetter zweiter Strich, der sich nicht mehr ignorieren lässt. Die natürliche Verhütung, die wir seit Jahren praktizieren, kann offiziell als gescheitert erklärt werden.

Es ist immer noch Corona. Mein Körper braucht eigentlich eine Diät, meine Ehe eine Therapie, die Jungs wollen wissen, ob wir zurück nach London gehen oder bleiben, die Steuererklärung will klären, ob meine Selbstständigkeit Rechnungen bezahlt oder Chaos stiftet, die Schlafzimmertür will repariert werden, mein Bauchgefühl will auf den Jakobsweg, mein Verstand eine Stelle im öffentlichen Dienst und etwas zwei Millimeter Kleines, das sich in mir in den letzten Wochen unverhofft entwickelt hat, denkt, das wäre ein super Zeitpunkt, um zu uns zu stoßen.

Der positive Test stürzt mich erst mal in Verzweiflung. Ich bin zweifache Mutter. Und jetzt schon so voll damit. Ich wollte mir in neun Monaten eigentlich Gedanken machen um Fragen wie, ob ich eine supersexy Mittdreißigerin mit bauchfreiem Top im Berghain bin. Und nicht, ob ich drei Kinder durch die S-Bahntür bekomme.

Die nächsten Tage verbringe ich damit, Pro- und Contra-Listen zu schreiben. Wollen wir ein weiteres Kind? Bekommen wir das hin? Ich nagele meinen Mann auf Zukunftsgespräche fest, versuche, für mich grundlegende Fragen zu klären – »Wirst du dich sterilisieren lassen? Gehst du von Vollzeit auf Teilzeit? Machen wir 50/50?« Ich möchte nicht dafür garantieren, aber ich glaube, er hat »Kannst du dich mal wieder frisieren? Du hast nie Zeit für mich. Bock auf 69?« gehört.

Ich lege Tarotkarten, telefoniere stundenlang mit meinen Freundinnen über die Neuigkeit und denke an die zurückliegenden Schwangerschaften. Da lief bis auf das Endergebnis von zwei coolen Typen wirklich gar nichts glatt. Wenn ich einen Blick in meine Zukunft werfen könnte – sind da zwei oder drei Kinder?

Und dann weiß ich es. Und freue mich.

30

HÄNGEBAUCH

Nicht nur der Körper sieht in der dritten Schwangerschaft anders aus, auch seine Reaktion darauf. Ich hänge täglich über der Schüssel, breche mir die Seele aus dem Leib und frage mich, wie ich das überleben soll. Wenn die Übelkeit mich mal nicht in die Knie zwingt, sitze ich auf dem Badezimmerboden, denke an mein Baby und streichle meinen Bauch, der schief hängt, statt sich nach vorn aufzurichten. Schwangerschaftsglow, wo bist du?

Zwei Monate später wird es schöner. Aus meinem Arsch gucken Hämorrhoiden der Hölle. Sagen wir so – wenn ich nicht schon schwanger wäre, in diesen Tagen wäre sicherlich kein Kind entstanden. Zu schade, dass der Mann nicht am eigenen Leib erfahren darf, wie schön es ist, ein Kind auszutragen. Ich dachte wirklich, der Körper würde einen schonen, wenn man ein drittes Kind bekommt. Zwei Monate später: Tadaa! Hello Symphysenlockerung und Ischiasnerv! Selbst die Dehnungsstreifen machen mir diesmal nichts vor und reißen von Beginn an fröhlich vor sich hin. Leckt mich doch alle am Blumenkohlarsch.

Optisch beeindruckend sind auch die prall gefüllten Tomb-Raider-Titten, von denen jeder Schönheitschirug nur träumen kann. Ach nee, verwechselt, das war in der ersten Schwangerschaft. Dafür glänzen meine Haare in dieser besonders, es stört niemanden, dass ich nicht dazu komme, sie zu waschen. Die rosigen Wangen. Der feste, wohlgeformte Schwangerenbauch. Gut. Wir wollen es mal nicht übertreiben. Aber hey, das Kotzen ist nach 18 Wochen vorbei.

Die Schwangerschaft, der dank Corona aufgelöste Arbeitsvertrag, die Unwissenheit, wie es weitergeht. Wie so oft, wenn es mir nicht so gut geht, würde ich am liebsten den Rucksack packen und verschwinden. Gleichzeitig kann ich das Badezimmer aktuell nicht verlassen.

Meinen Mann habe ich aus dem Schlafzimmer rausgeschmissen, obwohl ich ihn vermisse – das ist Schwangerschaftssprache. Beim dritten Mal versteht er sie. Kurz nach Mitternacht steckt er den Kopf durch die Schlafzimmertür. »Möchtest du, dass ich hier schlafe?« Ich: »Willst du denn?« »Ja, ich möchte hier schlafen.« »Du willst nur dein Bett, dir geht es gar nicht darum, ob ich hier bin!« Den Rest der Zeit beschäftige ich mich mit Dingen, wie einen Urlaub mit den Eltern zu organisieren, obwohl es in der Konstellation nur Streit gibt. Eine Campingausrüstung zu kaufen, obwohl man Hotels lieber mag. Stundenlang Brote zu schmieren, obwohl keiner im Auto Brote mag.

Als die Jungs nach der Kita-Öffnung so gar nicht hinwollen und ich uns alle für immer zu Hause sehe, kapituliert mein Schwangeren-Ich, und ich weine jeden Tag stundenlang unheimliche Schluchzattacken vor mich hin.

»Pancakes sind fertig!!«, ruft es von unten. Jippie. Da hat jemand aus zwei Schwangerschaften gelernt.

31

HÄLFTE

Sechster Monat. F*** mich hart. Also nee, niemand darf mich f*****. Nicht für zehn Millionen. Ich sitze beim großen Diabetestest und träume von Cappuccino, während die Orthopädensocken meine neuen Wasserbeine einschnüren. Die Oma ist für ein paar Tage zur Hilfe herbeigeeilt und putzt gerade Bad und Fenster und Ofen (dass der überhaupt noch geht, nach so viel Pizza, das nenn ich Qualität).

»Wie jetzt – ist doch noch nicht mal die Hälfte?!«, meint die Gynäkologin. »Häh, ist doch schon Endspurt?!« Sie verabschiedet mich mit dem Tipp: »Vielleicht arbeiten wir mal ein bisschen an unserer Laune, hm?!« Der zufriedene Blick ihres Mannes, als er sie im BMW abholt, während ich ihnen in unserer alten Karre den Stinkefinger zeige, verrät: Sie wird heut noch gef****. Sie hat die Familienplanung allerdings auch schon vor Jahren abgeschlossen, so aufrecht und gerade läuft man nur, wenn sie längst aus dem Haus sind, beim Jurastudium in München oder so. Wäre ich nicht schwangerdiabetisch, würde ein Schokoshake die Welt wieder geraderücken. So muss ein Spaziergang herhalten.

Manche aus unserem Umfeld sind überrascht beim Anblick meines dritten Babybauches – was vielleicht daran liegt, dass ich noch nicht damit begonnen habe, selbst eine Weihnachtsgans zu braten, Kinderkleidung zu stricken oder Gemüse anzubauen. Dann die für Außenstehende »komplizierte Beziehung«, nur weil ich ab und an von nicht so glänzenden Momenten erzähle.

»Hättest du jemals gedacht, drei Kinder zu haben?«, steht dieses Jahr auf einer meiner Geburtstagskarten. Ja, immer! Mir war das sonnenklar, auch wenn es eine Weile nicht danach aussah.

Als unser erster Sohn im Krankenhaus mit weit ausgebreiteten Armen auf seinen frisch geborenen Bruder lostippelte, war das ohne Zweifel der schönste Moment meines Lebens. Noch nie war ich so stolz, noch nie so ergriffen, noch nie so glücklich gewesen wie in dem Moment, als er sich über das Bettchen beugte und von einem Ohr zum anderen strahlte. In dem Augenblick habe ich zum ersten Mal begriffen, welche riesige Chance wir haben.

Eine eigene Familie mit eigenen Ritualen, eigenen Pannen, eigenen Witzen und Bekloppheiten. Eine, die zusammenhält. Eine Familie, die über zwei Länder ohne Plan und mit viel Verknalltheit entstanden ist. Zwischen zweien, die unterschiedlicher nicht sein könnten in so ziemlich jedem Lebensbereich. Zwei, die man über Weihnachten offenbar nicht allein lassen kann, was die Geburtsdaten der Kleinen zeigen. Zwei, die sich, was die Werte einer Familie betrifft, einig sind. Einer, der immer so weitermachen würde, eine, die lange dachte, dass zu viert genug Abenteuer auf uns warten, genug Erinnerungen entstehen würden, genug Verantwortung getragen werden müsste.

Aber was sich nach zwei Kindern nicht eingestellt hat – das finale »Wir sind komplett«-Gefühl. Das ist wahrscheinlich Typsache. Genauso wie das mit dem Bausparvertrag, den

Steuervorteilen, dem heimeligen Haus, dem »Für immer«-definiert-haben-Müssen in einer Ehe fürs eigene Wohlempfinden – oder eben nicht.

Mein Mann meinte nach unserem ersten Sohn, er hätte gelesen, ein Abstand von drei bis vier Jahren zwischen den Kindern sei für die Eltern ideal, aber er sei bei einem zweiten Kind trotzdem auch früher dabei. Bei jedem Einwand von außen (»Wer soll das bezahlen?«, »Bist du sicher? Der Kleine braucht euch doch noch so sehr!«, »Du erzählst immer, wie stressig es schon mit einem ist!«) war ich mir sicherer, weil es, ohne zu wissen, wie es ist, genau das war, was ich wollte.

Man weiß für sich, ob man mehr Kinder will, ob nicht, dass Glück dazugehört – davon bin ich überzeugt. Als große Schwester zweier kleiner Brüder konnte ich mir nichts anderes vorstellen, als eines Tages drei Rabauken am Tisch sitzen zu haben. Die uns hoffentlich besuchen werden, wenn wir grau und bucklig sind, und uns, wenn wir alles richtig gemacht haben, freiwillig aus ihrem Leben erzählen.

Eine Woche später ist der große Ultraschall: Ich kann es nicht fassen – das Glück, bald mit jemandem zusammen zu Hause in Leggins abzuhängen. Ein Kleid in Größe 56 zu kaufen, ist ein Traum, den ich schon längst verabschiedet hatte. Ich kaufe ihr direkt Ohrringe. Falls sie ihr nicht gefallen, trage ich sie selbst. So wird es ab jetzt immer sein. Ich kann nicht glauben, dass mein Wunsch wahr wird und ich bald eine Tochter bekomme.

32
GÖTTIN

Drittes Trimester. Ich laufe BH-los und selfieverliebt durchs Land. Beziehungsweise fünf Kilometer jeden Morgen über die Felder. Fit wie ein Turnschuh sind wir – die Maus und ich. Zehn Minuten CTG? Nicht mit ihr. Drei Sekunden bekommt die Schwester, dann wird weitergeturnt. Und auch wenn sich Muttis Blutdruck- und Blutzuckerwerte immer noch im Grenzbereich bewegen, kann uns heute keiner was. Ich fühle mich wie Beyoncé und Penélope in einer Person.

Stress gibt es nur morgens, wenn sich die halbe Stunde, die meiner Entspannung dienen soll, Minuten später als erzwungene Kuscheleinheit mit Zwergen entpuppt, die ihr Bedürfnis durchdrücken. Jedes Mal, wenn die YouTube-Yogadame längst durch ist, sitze ich immer noch in der Anfangspose da. Danach beginnt der Typ im tiefsten Sächsisch mit seiner Sporteinheit. Ich muss trotz Wut lachen, die Jungs steigen glücklich mit ein und rennen happy raus. Ich bleibe allein auf der Matte zurück.

Ihre Schwester wird Ruhe reinbringen, sind sich mein Mann und seine Schwiegermutter sicher. »Hoffentlich hilft sie mit«, meint eine Frau aus dem Dorf auf einem unserer Wege und schaut auf die zwei, die gerade lautstark klären, wer die Ziegen zuerst füttern darf. Ich würde auf beides nicht wetten wollen.

Dafür machen die langen Spaziergänge sich bemerkbar, die Wassereinlagerungen in den Füßen, die mich seit Wochen plagen, scheinen verschwunden. Ich bin eine bald gebärende Göttin.

Dieses Hochgefühl der Selbstliebe kurz vor der Entbindung – ich wünschte, man könnte das für immer einzementieren. Bitte, bitte, bleib.

Wer es zum dritten Mal durchmacht, weiß: Der erste Blick nach der Geburt »Ganzkörper nackt« in den Spiegel ist meistens nicht soo pralle. Und wenn die wehtuende Nippelphase vorbei ist, kommen die Haarausfallwelle und dann die schlaflosen Nächte und die munteren Kleinkinder drumherum ... Die Phase eben, die bei mir Jahre andauert, in der täglich nur ein Ben & Jerry's hilft.

Aber heute ist heute, und es gibt nichts Schöneres als diese Zeit, in der ich mich wie eine Göttin fühle. (Notiz für nach der Geburt: Diese Phase dauert nur wenige Wochen – der Rest ist körperliche Schwerstarbeit. Nie wieder!! Unbedingt Verhütung klären!!)

33

DRAMAQUEEN

Goodbye Beauty-Hormone & Gloweffekt, hello Blowzeit! Aka Nonstop-auf-dem-Klo-Zeit. Aka Schnappatmungsphase. Aka Walrossgang-Jesus-ist-das-anstrengend-Zeit.

Das Superwoman-Gefühl der letzten Wochen hat sich verdünnisiert, im Gegensatz zu meinem Darminhalt. Generell schwankt mein gesamtes Körpergefühl zwischen aufgeweichtem Knödel und Riesenkokosnuss. Zwischen Durchfall und Verstopfung. Nur den Brüsten geht es gut, seit sie sich auf dem Bauch ablegen können, in dem unsere Nachbarin nach wie vor drei Elefantenbabys vermutet.

Mein Wattehirn, das sich ab jetzt offiziell NICHTS mehr merken kann, wird vom Gyn an zig neue Vorsorgetermine in dieser letzten Phase erinnert. Im MediaMarkt grinsen mich zwei Typen fragend an, denen ich fünfmal erkläre, dass es ein Notfall ist und sie mich JETZT auf die Toilette lassen müssen. Es dauert Minuten, bis ich verstehe, dass sie nicht zum Personal gehören. »Hab ich Ihnen doch vorhin gesagt, dass Sie hier raus müssen!!«, ranzt mich der Busfahrer an. Na gut, tschüss dann mal.

Sitzen oder sich aufrichten – Fehlanzeige. Auf allen vieren im Schneckentempo durchs Haus kriechen – läuft. Den Mann nach einer Windel fragen, weil der letzte Gang zur Toilette nach hinten losging – nun, es gab schon glänzendere Zeiten. Ob das jetzt DER Schwangerenschreck Ischias ist oder das Baby auf einen Nerv drückt oder eine Blockade den Schmerz verursacht – meine Freundin tapt mir Beine und Rücken und redet mir gut zu. Mit der Geburt lösten sich diese Art Schmerzen wohl auf.

Auch die Wärmekissen helfen. Genauso, lange zu laufen. 500 Meter bis zum Feld, um das Highlight des Tages zu sehen: einen Traktor, der laut den Kids »Heu kackt«. Ich ändere meine Mutterschutz-To-do-Liste, deren 20 Punkte alle irgendetwas mit »Fotoalbum machen« beinhalten, in »Traktor gucken«. Vor mir liegen noch weitere sechs oder vier Wochen, je nachdem, ob ich mich laut ärztlicher Empfehlung auf Termin aufschneiden lasse (wenn, dann aber bitte inklusive Eileiterverlöten – gibt es dafür ein Spezialangebot??). Oder es trotz Risiken auf »natürliche« Weise versuche. Keine leichte Entscheidung. Ich schiebe sie auf meinen Mutterschutz, der nächste Woche beginnt.

Mein selbstgewählter unbezahlter Mutterschutz. Auftraggeber zahlen in der Regel selten, wenn sich eine freiberufliche Frau, die nicht daran gedacht hat, die richtige Versicherung zu wählen, überlegt, ein Kind zu gebären. Ich könnte mir die Mühe machen, den Elterngeldantrag akribisch auszufüllen, um mehr herauszuholen, dafür hätten wir die Ankunft unseres dritten Wunders allerdings vorher wirtschaftlich planen müssen. Da ich im vorangegangenen Steuerjahr noch in Elternzeit mit dem zweiten Kind war, reicht das Kreuz beim Mindestbetrag.

Weiß man so etwas denn nicht vorher? Denk dran, für die Geburtsurkunde brauchst du die Meldebescheinigung, und wegen Kindergeld, ja, wenn einer von beiden Ausländer ist, muss man jährlich in zig Formularen bekunden, dass man immer noch Anspruch hat. Beleghebamme hast du auch keine? Ach so, tja, wenn man sich nicht früh genug drum kümmert. Wie jetzt, du weißt noch nicht, wann du wieder anfängst zu arbeiten? Aber die Streptokokken-Untersuchung hast du gemacht, oder? Ach, keine Zusatzversicherung? Da musst du unbedingt wechseln. Und denk an das Bonusheft, und deine Rente zu sichern mit drei Kindern wäre jetzt auch mal angebracht, oder nicht?

Ich bin so froh, dass beide Ohren trotz Schwangerschaft gut funktionieren, sodass all die Bedenken anderer in eins rein und durch das andere meinen Kopf direkt wieder verlassen können. Und dankbar, dass ich in Ländern gewohnt habe, in denen es zwar kein Geld vom Staat, dafür aber auch weit weniger Dinge gibt, die man »falsch« machen kann und trotzdem Kinder geboren werden. Diese Bürokratie, die man durchlaufen muss, wenn man hier ein Kind bekommt. Ich bestelle bequeme Klamotten fürs Wochenbett, die ich danach nie wieder sehen will.

Ob mein Mädchen sich nach Plan verhält, wird sich zeigen. Seit Tagen trinke ich Himbeerblättertee, organisiere Mumu-heublumensaunagänge in der Toilette, esse scharf, versuche mich vom möglichen Vorteil von Geschlechtsverkehr zu überzeugen, bleibe, nachdem ich die Jungs morgens in die Kita gebracht habe, im Bett, schaue Call the Midwife, um beim Thema zu bleiben, rufe den Bäcker an und frage, wie viel es kostet, dass mir jemand fünf Croissants vorbeibringt, und kann es nicht mehr hören, wenn Menschen fragen, »Wann ist es denn so weit?«.

Wie all meine Babys scheint mein Hase da, wo sie ist, sehr zufrieden, macht erst einen Move, wenn jemand anderes alles vorbereitet hat. Kommt mir bekannt vor, ist das Kind ihres Vaters. Aktuell liegt sie mit dem Kopf nach oben. Von wem sie das wohl hat? »Eine Dramaqueen. Wie ihre Mum.« Meint mein Mann.

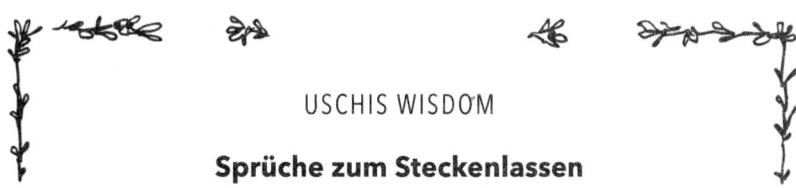

USCHIS WISDOM

Sprüche zum Steckenlassen

»Krass, so einen großen Bauch haben manche nicht mal zur Geburt!« »Gott, ist der Bauch groß, sicher, dass da keine Zwillinge drin sind?« Seit wenigen Tage antworte ich mit, »Zwillinge? Wie jetzt? Bin ich schwanger?« Oder: »Schwanger? Wer ist hier schwanger? Sagen Sie ja meinem Mann nichts davon!« Oder: »Pssst! Ich bin erst in der siebten Woche, wir wollen es noch niemandem sagen.« Die Sprüche, die Menschen ungefragt vor, während und nach meinen drei Schwangerschaften gebracht haben, reichen für ein ganzes Leben.

Wenn man verliebt ist, hören die Leute nicht auf zu fragen, wann es mit dem Nachwuchs so weit ist. Wenn man ein Baby hat, wird direkt gefragt, wann das zweite kommt. Wenn man zwei hat, fragt keiner mehr etwas. Außer: »Ihr denkt aber nicht an ein Drittes - oder?« Wenn das dritte Kind unterwegs ist, hört man statt »Herzlichen Glückwunsch!«, »Wow, mutig, da habt ihr euch ja etwas vorgenommen!« Was man beim vierten Kind gefragt wird, werde ich nicht erfahren.

Ich werde nie vergessen, wie es sich angefühlt hat, als eine Verkäuferin, während mein frisch geborener Sohn vor mir im

Kinderwagen anfing zu weinen, auf meinen Bauch schauend fragte, wann es so weit sei. »Morgen. Gestern war ich noch busy, den hier herauszupressen.« Oder den Kommentar einer Kursteilnehmerin, als ich nach langer Elternzeit wieder beruflich Fuß fasste: »Ich war auf deiner Facebookseite – wow, wie schlank du mal warst!«

Darf man so etwas laut sagen? Ja, darf man. Sollte man die Klappe halten, wenn man nichts Nettes zu sagen hat? Ja, sollte man.

Ich kenne keine Frau, die sich gern rechtfertigt, wenn es nicht klappt oder sie nicht mehr als eins möchte oder gern ein zweites hätte, aber der Partner nicht. Oder die gern hört, dass ihr Bauch sooooo groß oder zu klein erscheint. Keine einzige.

34

INTENSIVSTATION

Als mein Blutdruck stark zu schwanken beginnt, behalten mich die Ärzte ein paar Tage zur Beobachtung in der Klinik und pochen dann auf eine vorzeitige Sectio. Aufgrund der vorangegangenen Schwangerschaftsvergiftung und zweimaligem Kaiserschnitt, liegen sie mir mit »Wir wollen doch nichts riskieren – oder?« seit Wochen in den Ohren. Ich wollte meinen dritten Hasen so gern natürlich gebären. Der Traum vom »Kopfrauspressen« war riesengroß. Warum eigentlich? Ist es wirklich so wichtig, aus welchem Loch sie herauskommen?

Auf meine Frage, ob sie mir während des Kaiserschnitts die Hämorrhoiden gleich mit entfernen und danach den kompletten Analbereich enthaaren, bleachen und rosa anmalen können, antworten sie mit »Machen wir leider nicht«. Mist aber auch. So sind wir an einem schönen Tag im September auf dem Weg in die Klinik, kurz bevor mir zum dritten Mal im Leben der Bauch aufgeschnitten wird.

Im Auto habe ich nur eine Frage: »Was ist, wenn sie nicht gesund ist?« Warum fragst du das, will er wissen. Bei unseren Kindern war bisher nichts, es spricht nichts dafür, dass es diesmal anders ist. Nur mein Gefühl, denke ich und spreche nicht aus, was ich denke, um irgendwie in eine entspannte Stimmung zu kommen.

Das Setzen der Kanüle für die Spinalanästhesie will nicht so recht klappen. Mein Kreislauf fährt in den Keller, der Tropf fängt ihn wieder auf. Irgendwann geht es doch, der dritte Arzt kann das Ding platzieren. Wenige Minuten später wird mein Mädchen, mit dem ich seit knapp zehn Monaten schon täglich ein Team bin, aus meiner Bauchdecke gehoben. Und bei mir setzt keine Freude ein.

Dafür kickt die Sorge aus dem Auto ein – warum, weiß ich in dem Moment nicht. Ich kann meinem Mutterinstinkt aber offenbar trauen.

Als ich in den nächsten zwanzig Minuten, in denen mich die Ärzte versorgen, dreimal frage, wie es ihr geht und weder eine Antwort bekomme noch meinen kleinen Engel oder meinen Mann sehen darf, weiß ich meine Vermutung bestätigt, dass etwas nicht stimmt.

Was danach kommt, lässt einen der eigene Körper erst mal nur mit Schock und Adrenalin ertragen.

Im Nachhinein waren diese Minuten, als ich versorgt wurde, während ich nichts – außer, »Wir kümmern uns um sie, sie braucht etwas Hilfe« – von meiner Tochter wusste, die schlimmsten Momente meines bisherigen Lebens. Die so feierlich hätten werden sollen – was sie uns versprochen hatten, was vorher erzählt wurde. »Freu dich, der geplante Kaiserschnitt wird wundervoll.« Nichts ist so geworden wie erhofft.

Direkt nach der Geburt geht es für unsere Tochter via Krankentransport in eine andere Klinik, zwanzig Kilometer entfernt, auf die Baby-Intensivstation, mein Mann im Auto hinterher. Warum er nicht im Krankenwagen mitfahren und ihr klitzekleines Händchen halten kann, kann uns niemand erklären. Ich liege im Aufwachraum der ersten Klinik, chatte bei WhatsApp, der Schock hält wach, ein Kreuz hängt an der Wand, das Adrenalin die Nerven zusammen.

Anfang des Jahres hatte ich noch angenommen, die größte Herausforderung würde das Organisieren von Babyequipment und des sommerlichen Familienurlaubs sein. Hätte mir jemand gesagt, dass die Geburt mit anschließender Neo-Intensiv erfolgen würde. Hätte mir jemand erzählt, dass ich sie erst zehn Stunden später wiedersehen würde – ich mit frisch genähter Wunde im Krankenwagen, jeden Huckel spürend, vor Schmerzen schreiend, die Hand des Pflegers zerquetschend, der mir laut Mut zuspricht, während er mich im Rollstuhl zu ihr fährt und ich meine Kleine endlich sehe, die komplett verkabelt ist. Ich hätte nur verzweifelt aufgelacht.

Mehrere Tage später ist sie über den Berg. Wir atmen auf. Unser schönstes und stärkstes kleines Mädchen. Ein neues Leben beginnt zum zweiten Mal.

Aber erst mal müssen wir uns noch ein paar Tage im Klinikrhythmus beweisen, unser Mädchen nach dem Atmen das Trinken lernen, jeder, der schon mal auf der Neo war, weiß, dass »muss« dabei keine Untertreibung ist.

Man könnte verrückt werden in dem Drei-Stunden-Takt, den sie abliefern soll, um kein »krankes Baby« mehr zu sein. Man kann aber nicht verrückt werden, weil man sonst nicht rauskommt, und das ist das einzige Ziel.

Ansonsten lässt sich noch sagen: Lasst all die Topmodels und Mumfluencerinnen in Ruhe, die wenige Tage nach der Geburt schon wieder einen flachen Bauch haben und den auch gern zeigen. Das gibt es wirklich. Das habe ich am eigenen Leib erfahren. Also, nicht tatsächlich an meinem natürlich, aber bei meiner Zimmernachbarin habe ich es mit eigenen Augen gesehen: sechs Tage nach der Geburt Sixpack. This shit is real!

Noch 44 Stunden, bis es nach Hause geht. Wir werden wohl noch ein Bett für meine neuen Milcheinschussbrüste kaufen müssen. Eventuell ein weiteres für die Nippel – wer über Tage pumpt und pumpt und pumpt, weiß, wovon ich spreche.

Gelernt habe ich, dass es Schlimmeres gibt als Krankenschwestern, mit denen man so gar nicht kann. Oder den Ollen mal wieder kacke zu finden oder die Kids anstrengend oder sich selbst hässlich. Tage in der Neo-Intensivstation ändern alles. So dankbar zu sein, wie darüber, dass wir übermorgen das Krankenhaus verlassen dürfen – ich weiß nicht, wann und wie oft man das im Leben spüren wird. Die Maus kann ich mitnehmen, und das sah vor fünf Tagen noch nach allem, aber nicht selbstverständlich aus. Jetzt wacht sie auf und windet sich und grunzt, »Mama, Telefon weg, this is your real life hier, ab ins Wochenbett mit mir und daheim wird nur gechillt, äh, gestillt!«

Sobald es nur mal kurz auf der Straße ruckelt oder mich in der Kita jemand fragt, wie es so läuft, bin ich im Kopf sofort wieder beim Krankentransport, kann nichts sagen, fange an zu zittern, mir schießen die Tränen rein.

Die meisten Mitmenschen wollen nicht zu lange mit einem darüber reden, wie »es« war, denn »Gottseidank ist heute alles gut«. »Heute ist sie gesund, das ist, was zählt.« »Andere müssen noch länger zittern.«

Wir haben großes Glück gehabt, dass es gut ausgegangen ist bei ihren Anfangswerten, meinte die Oberärztin zum Schluss. Ich werde in den nächsten Jahren noch regelmäßig Albträume haben, in denen es nicht gut ausgeht. Wenn man einmal so große Angst um sein Kind hatte, vergisst man das nie.

Mein wunderschönes Mädchen. Es gab und gibt viel auszuhalten. Aber wir sind jetzt zu fünft und wir sind füreinander da. Ich bin so unendlich dankbar für die drei Herzen mit den Namen meiner Kinder, die an meiner Kette um meinen Hals baumeln, und werde es für immer sein.

Es ist egal, auf welchem Weg du am Ende zu uns gekommen bist. Deine Wärme zu fühlen, deinen Herzschlag zu spüren, als du endlich zum ersten Mal in meinen Armen lagst, ist alles, was zählt. Ganz besonders, wenn man auf diesen Moment warten musste. Die Erlösung, als er da war und das Zittern davor, hat mich zu einer anderen gemacht.

35

FÜNF

Zu fünft sein. Mehr Kinder als Erwachsene. Nicht mehr zwei Hände pro Kind frei. Man merkt es. 24/7 Bedürfnisse von fünf Menschen nach Priorität klären. Man fragt sich, ob das geht, während man aus der Wahrscheinlichkeitsrechnung weiß, es geht nicht.

Ich trage das kleine, mittlerweile sechs Wochen junge Wesen täglich durch die Gegend. Es fühlt sich alles noch surreal an. Acht- bis zehnmal am Tag leiste ich Primärversorgung, Extremsport, Balancekunst oder Multitasking – je nachdem, wie man ein stillendes Hasi an der einen und eine Milchpumpe an der anderen Brust nennen mag.

Der noch Vierjährige fühlt sich in der Rolle des Flaschengebers pudelwohl, der mittlerweile Dreijährige schreit und haut, versteckt ihre Schnuller, am liebsten in seiner Windel. Es braucht wohl keinen Kinderpsychologen, um herauszufinden, wer aktuell die meiste Aufmerksamkeit benötigt.

Mir geht alles zu langsam, die Kinder streiten zu oft, ich höre zu wenig Liebesschwüre und generell ist es anstrengender als gedacht. Die Umstellung von einem Kind auf zwei Kinder war trotzdem härter. Damals ging es darum, ob man die

Tage überlebt. Diesmal weiß ich, man überlebt sie. Ob das gut ist, weiß man nicht. Nur so viel: Am nächsten Tag geht's immer weiter.

Ich nehme mir um sechs Uhr morgens vor, dass heute alle super achtsam miteinander umgehen, und dann wird spätestens um sieben Uhr dreißig ein Schnuller in den Schlüpper gesteckt, das heiße Wasser vergessen, einem Kind die Spiegelreflex erklärt, damit er nicht losheult. Man könnte laut schreien, weiß aber aus Erfahrung, dass das nichts bringt. Also schaut man um zehn Uhr erschöpft das Baby an und denkt: Jepp, das ist deine Familie. Wo sind wir hier nur hineingeraten? Noch jemand da, dem sich der Vorteil von kurzen Altersabständen zwischen den Kindern nicht erschließt?

Seit ich Kinder habe, stopfe ich, wenn mir alles zu viel wird, und das wird es oft, sämtliche Dinge in mich hinein. Das ist vielleicht nicht sexy. Das ist sicherlich nicht gesund. Schön ist anders. Aber es ist besser, als seine Kinder zu schlagen, die Koffer zu packen oder sich etwas Schlimmes anzutun.

Viele Kinder hintereinander ist, wenn man nicht drei Ommis, Tanten, Onkel oder vier Nannies und drei Putzfrauen um sich hat, eine in sich überhaupt nicht stimmige Nummer. Sprüche wie, dass sie »so schön miteinander spielen« werden uns doch nur gesagt, um uns weiter zu motivieren. Ich würde das wirklich niemandem empfehlen. Außer, man steht drauf, wenn es immer laut ist und keiner auf einen hört, sich niemand anzieht, wenn es losgehen soll, weil gemeinsam Unsinn machen sooo fantastisch ist und als Einheit ja nicht auf seine Eltern zu hören.

Wenn ich die Kleine stille und sie reinkommen, um uns beide zu küssen. Wenn zwei Brüder mit ihrer Schwester in der Wanne sitzen. Wenn ich die drei zusammen sehe, wie die Kleine ihre Brüder anlächelt, während die sich kloppen und es nur noch eine Frage der Zeit ist, bis sie mitmachen wird. Wenn ich im Bett liege und sich da drei kleine Menschlein an mich kuscheln, »Guten Morgen, Mama«. Da geht einem das Herz auf. »I love you«, heißt es jetzt auch immer öfter im Vorbeigehen. So sehr habe ich nie zuvor geliebt. Und dann fällt die Milchpumpe mit komplett gefüllter Flasche dran um.

36

MIETWAGEN

Who is this crazy chick, die zwei Kleinkinder mit Baby im Tuch vor der Brust zur Kita bringt, danach zu einer eBay-Kleinanzeigenadresse fährt, um einen elektrischen Spielzeugkran abzuholen, an der linken Brust eine Milchpumpe baumelnd, an der rechten eine Auffangschale, von der es anfängt zu tropfen, auf dem Rückweg die Jungs wieder einsammelt und zusammen für einen fünften Geburtstag einkaufen geht? Aaaah, damn, that's me.

Wir haben seit zwei Wochen einen Mietwagen. Beim Tank war Karma im Spiel. Im Mietvertrag steht »Dreivierteltank« und er war voll, als wir ihn bekommen haben. Ich weiß nicht, ob das ein Ossiding ist, das mich verfolgt, aber seit Tag eins versuche ich, ihn nicht unter Dreivierteltank zu bekommen. Alles, was ich dafür tun muss, ist, den Wagen nicht zu fahren. Überzeugt.

Ich habe das Gefühl, ich verbringe oft in meinem Leben Zeit damit, mir zu beweisen, dass das, was ich ohnehin schon weiß, stimmt. Heute Morgen zum Beispiel, da habe ich versucht, im Bad ein Selfie zu machen. Dann bemerkte ich, es wird nichts, weil der Spiegel schmutzig ist. Ich hätte das Telefon zur Seite legen können, ihn putzen. Wenn ich aber in den letzten Wochen etwas gelernt habe, dann, dass dadurch alles, aber kein Selfie entstanden wäre.

Ich hätte den Lappen gesucht, ihn nicht gefunden, stattdessen Haare im Abfluss und gestapelte Handtücher, bemerkt, dass kein Beutel im Mülleimer ist, den Korridor gesehen, der gesaugt werden, der Staubsauger aber erst mal aufgeladen werden muss, mit der freien Hand den Filter rausgenommen, wissend, dass ich keine Ahnung habe, wie man ihn putzt. Der neue, goldene Staubsauger – laut Internetbeschreibung heißt es, man müsse den Filter nicht reinigen. Aber ich hatte nur gelesen, was ich lesen wollte, es war so ein Tag mit vielen Onlinebestellungen, die das Leben mit Kindern theoretisch vereinfachen sollen.

Seit Wochen brilliert mein Mann in der Probephase der neuen Arbeit, und ich von morgens bis abends allein mit drei Kindern. Um es mir »einfacher« zu machen, falls ich es bis Wecken-Anziehen-Zähneputzen-Frühstücken geschafft habe, gibt es jetzt diesen Mietwagen. Ich persönlich nehme die Kleine zur Kita lieber in die Trage, und die Jungs nehmen das Fahrrad. Vorteil: lieben sie, rasen und rufen dabei »Flugzeug!«. Nachteil: ist gefährlich. Und die Trage schwer.

Wir könnten auch Bus fahren. Dauert aber am längsten. Haben wir außerdem erst einmal geschafft – »Looooos, schneeeeeellllller, der Bus kommt!«

Also das Auto. Gott, wie ich es hasse. Es sind ja nicht nur die Sitze, es ist dieser Streit, welches Kind zuerst reindarf. Dann dieses Ding sauber halten. Und um alle auf der Rückbank zu platzieren, muss man schon etwas elastisch sein. In der Zeit hätten wir schon die Hälfte des Wegs zu Fuß geschafft.

Im Prinzip schreit mein Leben, »Du bist eine ganz normale Mutti!«. Manchmal will ich das nicht wahrhaben. Manchmal denke ich, ich wache auf, an einem Montag, das Management ruft an und sagt: Du hast heute ein Fotoshooting. Morgen geht's nach Mailand. Denk dran, Alex Karev will mit dir am Wochenende in die Toskana fahren. Klar bin ich Mama, aber das ist nicht alles, was mich ausmacht. Ich liebe es auch, morgens »juckender Kopf und Kniekehlen bei Vierjährigen« zu googeln, Schokocreme in meinen Kaffee zu versenken, Promiflash zu lesen und Fotos von meinen schlafenden Kindern zu machen.

Zwei Wochen später gebe ich den Mietwagen mit drei Viertel Tankfüllung darin ab. Der einzige Vorteil war, dass man im Rückspiegel Gesichtshaare am besten entfernen konnte.

Mitte 30, hundemüde, jeder Tag die gleiche Leier. Wie eine Schallplatte, die seit Jahren hängt. Hat er wirklich meine besten Jahre bekommen? Sieht mich überhaupt jemand? Kann ich mit ins Bällebad?

37

HILFE

Da sitze ich. Thermokissen unterm Po, Wasserflasche, Lichterkette am Buggy, schlafendes Baby drin, alles da. Zehn Minuten habe ich noch, bis ich die Jungs von der Kita abhole. Zehn Psychiater habe ich angerufen in der letzten Stunde, um einen Termin zu bekommen, um zu besprechen, wie es weitergehen soll.

Ich weiß, wie es weitergehen könnte. Gut nämlich. Wenn ich es schaffe, morgens direkt Rückbildung zu machen, ohne, dass dabei alle drei wach werden. Wenn es mir egal wäre, dass mein Beckenboden so locker bleibt, Hauptsache, wir starten gemeinsam in den Tag, wa?! Wenn ich jemanden anrufen würde, wenn es mir schlecht geht, viel Wasser trinken, mir wenig Stressiges vornehmen würde, am besten nichts, außer vielleicht etwas Schönes mit den Kids.

Blöd ist nur, wenn ich es nicht schaffe.

Wenn ich nachmittags wieder vom Spielplatz flüchte, mich innerlich dafür vierteile, unhöflich gewesen zu sein zu Mamas, die nicht wissen können, dass mir im Moment alles zu viel ist und einfach gar nichts für mich passt.

Wenn ich mich zu Hause nicht beruhigen kann, nachdem ich wie eine Irre durch den Park gestiefelt bin, alle zehn Meter an einer Ecke angehalten habe, um die neuen Jeans hochzuziehen, die nicht halten wollen, die billigen Stretchdinger kauft man nicht, habe ich denn aus drei Schwangerschaften wirklich nichts gelernt?

Wenn ich es nicht schaffe und einmal wirklich entgleise, mich verliere, den Buggy irgendwo stehen lasse, im Bett liegen bleibe, dem Bedürfnis nachgehe, mir etwas anzutun oder wegzurennen, was ist dann? Ich passe auf einen Fünfjährigen, seinen dreijährigen Bruder und ihre wenige Monate junge Schwester knapp zwölf Stunden täglich allein auf. Mein Mann ist auf Arbeit, ich habe keine Familie oder lebenslange Freundinnen um mich. Mir geht es schlecht. Ich habe ein schlechtes Gewissen, weil die Eltern mal wieder gebeten wurden, die Kinder zu Hause zu lassen und ich hier langlaufe, weil ich mir zu Hause Sorgen gemacht habe, mir etwas anzutun. Ich muss agieren. Aber ich weiß nicht, an wen ich mich wenden kann.

Ich schließe die Tür auf, mache einen Schritt auf die volle Spüle zu, schaue mich um, sehe gefühlt tausend Dinge, die wir noch nicht (gemacht) haben. Tränen der Überforderung schießen ein. Auf dem Weg ins Bett, am Spiegel vorbei, kommt der Ekel hoch. Der Selbsthass geht in Schluchzen über, das Schluchzen in Schütteln. Das Gefühl, es nicht mehr auszuhalten in meinem Kopf, ist so groß, dass ich ihn am liebsten an die Wand schlagen würde, damit er zerspringt – wovon mein Mann mich mehrmals abhalten musste in letzter Zeit.

Die Überlastung hat mich so stark erwischt wie nie zuvor. Sie kommt plötzlich. Manchmal ist sie direkt nach dem Aufwachen da.

Da kann man noch sooft »The Secret« lesen und positiv denken – es ist ein Leichtes für die Hormonaufstellung der Mama, im Wochenbett Depressionen zu entwickeln. Das kann auch Frauen treffen, die nicht vorbelastet sind, sowohl während (pränatal) als auch nach der Schwangerschaft (postnatal).

Wenn das erste Tief ignoriert wird, wird es meistens schlimmer. Bei vielen Betroffenen ist der Ablauf ähnlich: Erst kommen die Überforderung und Gereiztheit. Dann folgt die Traurigkeit. Die Frau funktioniert für Außenstehende, wer nicht genau hinschaut, bekommt nichts mit. Ist ja ganz normal, dass sie sensibel ist, schnell fertig, dauermüde, irgendwie auch crazy, kennt man ja noch aus der Schwangerschaft, wa? Nee, normal ist daran nichts.

Die Hebamme, die insgesamt zweimal nach der Geburt da war, der ich davon erzähle, schaut dabei nur auf die Fotos meiner Kinder, »Hach, Sie wissen ja, wie es geht« und schon ist sie zur Tür raus.

Dann kommt die Vernachlässigung. Es wird viel geweint, die Tagesroutine läuft nicht mehr reibungslos, es beginnt die Phase, in der nicht mehr alles funktioniert, in der dringend um Hilfe gebeten werden muss. Wenn die nicht kommt, bleibt die Frau eines Tages im Bett, unfähig, irgendetwas zu tun oder sie macht »Dummheiten«. Wenn der Lebenswille da ist, kämpft sie sich da heraus. Aber wenn etwas schiefgeht, und das passiert dauernd, dann ist der Aufschrei im Nachhinein groß.

Als aus Vom-Kopf-gegen-die-Wand-schlagen-Abhalten Kopf-gegen-die-Wand-Schlagen wird, traue ich mich zu meiner Hausärztin, frage die Sprechstundenhilfe flüsternd, ob ich irgendwo privat vorsprechen kann, habe ein Anxietylevel von 8/10, fünf Senioren im Nacken, die Tränen laufen, sie nimmt mich direkt dran.

Eine halbe Stunde später rufe ich ihr erleichtert »Danke« zu, der Atem entspannter, die Schultern fünf Zentimeter tiefer. »Das, was Sie beschreiben, nennt man Panikattacken, verursacht durch Überforderung. Dazu kommt eine postnatale Depression. Wir zwei machen jetzt einen verbindlichen Vertrag. Stück für Stück schauen wir uns die Sache an.« Dieses wohlige Gefühl, das ich so lange nicht mehr gefühlt habe. Wenn jemand wirklich nett ist und einem dabei in die Augen schaut.

Fürs Heilen hilft Zeit, Weinen, professionelle Hilfe, Geschichten Gleichgesinnter. Ein Schritt nach dem anderen. Es klingt banal, aber an den Tagen, an denen ich mich morgens schminke, geht es mir besser. Ich habe mir letztens sogar eingebildet, dass einer geguckt hat. Und irgendwann kommt der Moment, wo du merkst: Wow, eine ganze Woche um und nicht einmal geweint.

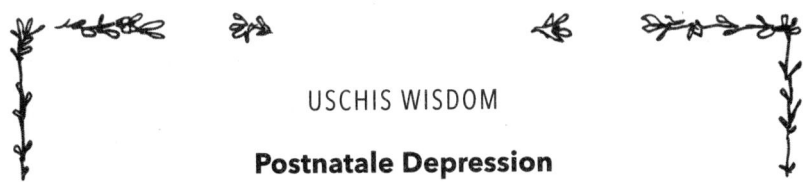

USCHIS WISDOM

Postnatale Depression

1. Es ist gefährlich, seine Sorgen für sich zu behalten – für Mama und Kind. Bei akuter Gefährdung, suizidalen Gedanken, absoluter Überforderung, Sorge, sich etwas anzutun, unbedingt im lokalen Krankenhaus nach der psychiatrischen Institutsambulanz fragen oder direkt in die Notaufnahme oder die 112 wählen (von dort geht es dann, je nach Diagnose/Plan, weiter).

2. Die Hebamme um Rat fragen. Sie sollte Kontakte zu Krisendiensten oder anderen Anlaufstellen herstellen können. Wenn sie nicht aktiv wird, es auf keinen Fall dabei belassen. Dem Umfeld Bescheid geben. Darüber reden. Alles ist besser, als damit allein zu sein.

3. Das Umfeld ist oft überfordert, »Geh doch mal spazieren« hilft nicht. Aber es gibt Dinge, die Menschen tun können,

wenn ihnen die Person am Herzen liegt: für die Primärbe-dürfnisse sorgen – Wasser hinstellen, gesundes und re-gelmäßiges Essen. Einen Spaziergang anbieten, das Baby abnehmen, wenn sie das möchte, für Schlaf sorgen. Da sein. Zuhören. Gemeinsam professionelle Hilfe finden.

4. Die Onlineplattform schatten-und-licht.de bietet viele Beiträge zum Thema, eine ExpertInnenliste und Selbst-hilfegruppen. Bitte jemanden um Hilfe beim Abtelefonie-ren. hilfetelefon-schwierige-geburt.de ist eine kostenlose Hotline, auf der man über die Geburt sprechen kann. Ich habe sehr oft angerufen. Keine falsche Scham. Jugend-amt/Familienhilfe/Krisendienst kontaktieren, heißt nicht, dass einem das Kind weggenommen wird. Das heißt, dass man bei der jeweiligen Institution hoffentlich gut dahingehend beraten wird, was zu tun ist, wenn man sich Sorgen macht, wie es weitergehen soll.

Du hast aktuell eine Krankheit. Die Krankheit bist nicht du. Die Krank-heit wird vorbeigehen. Du wirst das überstehen. Du machst das spitzenmäßig. Der nächste gute Tag wartet um die Ecke. Alles, was du tun musst, ist, dir jetzt professionelle Hilfe zu holen. Du darfst da nicht allein durch. Du bist das wert. ❤

38

PACKEN

Wirst du es hier vermissen?
Nein.
Gefällt es dir hier?
Ich mag alles. Ich mag unser Haus.
Bist du traurig, wenn wir gehen?
Nein, Mama. Ich liebe Berlin!

Wo lebt es sich als Familie besser – mit den Veganern in der versmogten Stadt oder mit den Wurstfans vom Dorf mit der frischen Luft? Der ideale Standort ist nicht da, wovon Petra X oder Herr Schubert oder Kunigunde erzählen. Er ist für Kinder da, wo ihre Eltern zufrieden sind.

Die Jungs strahlen auf ihren Laufrädern durchs Dorf, und auch wir fühlen uns beim spontanen Lagerfeuer viel befreiter als in muffigen Bussen zum nächsten Pub. Dafür nimmt man in Kauf, dass das Take-away-Essen grottig schmeckt und findet seinen Kompromiss in samstäglichen Trips in die Stadt, um ein paar Stunden auf einem Holzspielplatz Eis zu essen und danach wieder über die Landstraßen glücklich »nach Hause« zu brettern.

Ich sehe das wunderbare Haus und wie schön wir es gemacht haben. Unser tägliches Highlight seit zwei Jahren ist der Gang zum Bauernhof. Mein britischer Mann versteht zwar nicht, warum das ganze Dorf am 11. November mit Laternen in der Hand einem Pferd, gefolgt von einer Blaskapelle, hinterherläuft, aber den anschließenden Glühwein bei der Feuerwehr findet er lecker und die strahlenden Kinderaugen schön. Aber wenn wir ehrlich zu uns sind: Es passt nicht – der Traum vom großen Garten und Trampolin. Das Haus fühlt sich für mich von Beginn an nicht traumhaft, sondern belastend an. Es geht so schnell, viel Fläche mit viel zu füllen. Ich fülle meinen Alltag mit wöchentlichen eBay-Aktionen. Mein Mann weiß nie, ob gerade etwas raus- oder reingetragen wird. Und es dauert so lange, alles sauber zu halten.

Wenn man andere Hobbys hat, als Ordnung zu halten oder Rasen zu mähen, wird es auf dem Dorf schwer. Ich habe schnell gemerkt, dass es mich nicht erfüllt, so viel Zeug anzuschaffen, 160 qm in Ordnung zu halten oder mein Wochenende mit Gartenarbeit zu verbringen.

Ich gebe alles, um es passend zu machen. Ich gründe eine Spielgruppe, knüpfe Freundschaften, verbringe sechs Wochen in ambulanter Therapie, nehme 15 Kilo zu.

Was ist die Konsequenz? Alles zusammenpacken, obwohl wir mit kleinen Kindern nicht mehr mitten im Zentrum einer Großstadt wohnen wollen und bei der Vorstellung der nervenaufreibenden Slalomrennen mit Kinderwagen und Rollern durch die Stadt Schnappatmung bekommen? Über zwei Jahre haben wir in Haus und Garten gesteckt. Zwei Jahre voller Schweiß, Pläne, Tränen. Wir haben lange gewartet auf den Tag, an dem sich alles auszahlt. Bunte Lampions aufgehängt. Geschaut, ob irgendwer Gitarre spielen kann und gern singt und vorbeikommt. Wir wären so gern die Hippies der Straße gewesen. Aber trotz Kontaktaufnahme zu vielen anderen Familien im Dorf, sitzt bei uns nur selten jemand mit am Lagerfeuer. Warum auch: Rechts und links hat jeder seinen eigenen neuen Gasgrill plus Riesentrampolin.

Wir entscheiden uns dafür, zurück in die Stadt zu ziehen. Es sind unsichere Zeiten mit ungewissem Ausgang. Keiner weiß, ob hier bald wieder der Klopapierkrieg einzieht und Spielplätze abgesperrt werden oder Schlimmeres folgt. Könnte ein Fehler sein. Hätte, hätte, Fahrradkette. Das Projekt Wohnungssuche-Umzug-Kitawechsel ist beschlossene Sache. Ich wünschte, ich wäre traurig über den Gedanken, das Haus hinter uns zu lassen, denn das würde ja bedeuten, ich wäre sesshaft geworden, und darüber würden sich so einige in der Familie freuen.

In meinem vormittäglichen Zeitfenster von drei Stunden ohne die Jungs plane ich, wie die Umzugshelfer die Kisten packen sollen (Zeitverschwendung: Der Mann hatte den Zettel beim Umzug nicht zur Hand). Ich laufe am überquellenden Wäschekorb vorbei. Nein. Nein. Einfach dran vorbeigehen. Einfach ignorieren. Ja nicht ablenken lassen von irgendwelchen Mummyduties. Einfach einen Schritt weiter in die Sonne. Fünf Minuten nur Kaffee und du. Los, du schaffst das. Als ich in den Baumarkt fahre, um Umzugskisten zu kaufen, komme ich eine Stunde später mit acht Quarkkräpfchen, zwei Heliumballons und ohne Kisten zurück. Während ich zwischen Sortierhaufen nackt das Baby stille und dabei Quarkkräpfchen esse, kommt der Postmann zur Tür rein, um die Briefe abzulegen. Der Schlüssel steckte, hatte ich vergessen, wusste nicht, dass das eine Einladung ist. Ist das noch normal oder bin ich schon im Irrenhaus?

Weiter geht es an die Kleidung. Die Jungs sind aus dem Großteil ihrer Sachen rausgewachsen, Mama trägt jetzt 44, Babygirls Kleider sind winzig, Daddy behält am meisten.

Zum Schluss füllen die aussortierten Sachen einen Sharan, ein Wohnheim nimmt alles mit Kusshand, Mamas High Heels und Abendkleider in Größe 36 kommen in einen Charity-Secondhand.

Als ich meine Söhne frage, ob es für sie okay ist, dass Pool und Trampolin hierbleiben, antwortet meiner Kleiner: »Ja, Mama. Aber der Bagger kann mit, oder?«

Der andere zählt enthusiastisch andere Anschaffungsstücke auf, die für ein neues Heim zu groß sein werden und die laut seiner Ansicht hierbleiben sollten. Darunter vieles, bei dem ich dachte, dass es ihm wichtig sei.

Wir fahren zur ersten Wohnungsbesichtigung. Der Vermieter wollte die komplette Familie kennenlernen. Er hat nicht einkalkuliert, dass die Eltern es nicht hinbekommen, dass vorher alle gegessen haben. Ich denke, jeder einzelne Teilnehmer dieser Besichtigung braucht jetzt berechtigterweise Urlaub.

Umziehen mit kleinen Kindern. Was mutet man ihnen zu? Reißt man sie wo raus? Gibt es etwas zu bereuen?

Ein Teil von mir würde das Projekt gern mehrmals kippen und den Stress der letzten Wochen damit auflösen. Aber als die Jungs am nächsten Morgen von selbst ihren Fuhrpark an Rollern und Laufrädern auflösen und abends mit ihrer Schwester in der Wanne lautstark vom Feuerwehrspielplatz erzählen, der neben der neuen Wohnung ist, steckt die Vorfreude an.

39

STADT

Auf den Boden gucken, um nicht in Kacke, Müll oder Kotze zu treten. Aufgrund des Verkehrs mit der Hand am Buggy festhalten, statt mit dem Roller vorwegbrausen zu dürfen. Alles, was schön ist oder neu oder beides, vollgeschmiert sehen. Zwischen fünf tollen Spielplätzen wechseln können. Dabei leckeren Chai-Latte trinken und Small Talk mit likeminded people machen. Auf dem Rückweg die besten Falafel der Welt zum Mittag abholen.

Es ist, als sei ein Teil von mir, der abgetrennt gewesen ist, plötzlich wieder da, und mein Herz klopft laut und wieder rhythmisch und meine Seele fühlt sich wieder komplett.

Auf dem Spielplatz, auf den die Jungs täglich mit einem Freudenschrei rennen, bricht es aus mir heraus und die Tränen purzeln. Ich bin so stolz auf mich, es trotz riesigen Kraftaktes angegangen zu sein.

Wie unglücklich ich auf dem Dorf war. Vom ersten Tag an. Wie ich es nicht verstanden habe, warum, wenn es den Nachbarn rechts und links offensichtlich so gut gelang. Wie dieser Platz nie wirklich ein Zuhause wurde, egal mit welcher Verschönerungsaktion (neuer Zaun, schicker Pool, farbige Wände). Die Anspannung nie nachließ, obwohl es doch so viel zum Freuen gab.

In zweieinhalb Jahren sind dort viele Erinnerungen entstanden, die ich niemals missen möchte. Mein erstes Baby ist mittlerweile in der Vorschulgruppe, mein zweites fährt Fahrrad, mein drittes dreht sich, bald geht das Robben los.

Der Umzug war und ist für alle wie zu erwarten reichlich hart. Die Nerven liegen so blank, dass es zur Herausforderung wird, die wichtigsten Bedürfnisse zu decken. Er will alles so schnell wie möglich fertig haben, ich will Ordnung, die Kinder Essen und frische Luft.

Die Abende verbringe ich damit, den riesengroßen, super-hässlichen Homeoffice-Bildschirm meines Mannes von meinem Schreibtisch zu verbannen und ihn unters Bett zu schieben. Kurzfristige Problemlösungen sind mein Spezialgebiet. Nichts geklärt und trotzdem aus der Welt geschafft.

Wenn die Kleine schläft, richte ich die Wohnung ein. Ich würde dabei wirklich gern über große Fortschritte erzählen, allerdings habe ich auf dem Weg zur neuen Kita die Banane vergessen, und diese Krise muss jetzt erst mal angegangen werden. Auf dem immer vollen Wäschekorb scheint auch ein Fluch zu liegen. Das Bild meiner Jungs will ich in ihr Zimmer hängen, »Nein, Mama, das haben wir für dich gemalt«. In der Mitte des Wohnzimmers steht mein Lieblingsregal, das noch nicht weiß, auf welche Seite es gehört. Mein Mann ruft aus dem Schlafzimmer: »Honey, please order a bin and call the landlord and empty the kitchen boxes and don't forget to check for a new hoover.« Was hast du gesagt, Liebling? Ich soll mir etwas Schönes anziehen, du hast eine Überraschung für mich, es gibt Sekt und Schokolade, und wir gehen ins Kino? »Just dreaming whilst moving.« Es fühlt sich gut an. Und was sich gut anfühlt, ist immer richtig. Ich nippe an meinem Tee, fix und alle, zu Hause stapeln sich die Umzugskisten, während bereits die ersten schönen neuen Erinnerungen entstehen.

40

TASSEN

Ich gebe seit Wochen alles. Reiße mir den Hintern auf. Versorge ein Baby, gewöhne zwei Kinder in der neuen Kita ein, gestalte die neue Wohnung aka manage das Riesenchaos, verziere den Geburtstagsmuffin für den Mann. Schlafe abends erschöpft noch vor dem Baby ein.

Hinter mir liegt ein Umzug, für den wir bis zum Schluss keine neue Wohnung hatten. Ein Kitawechsel, bei dem es kein Zurück mehr gab. Arzttermine, redaktionelle Abgaben, die ich einen Tag vor der Deadline absagen musste. 30 Kisten, die es auszupacken galt, statt Rückbildung zu machen.

Die Realität ist: Es geht nicht. Baby versorgen plus Kleinkinder bespaßen plus gesund kochen plus Geburtstag vorbereiten plus kuschelnd in den Tag hineinleben plus vorbereiten plus gestriegelt und gewaschen durch die neue Hood laufen plus an der Paarbeziehung arbeiten plus freundlich zu Leuten bleiben, die alles besser wissen, aka »die es nur gut mit einem meinen« plus Playdates mit neuen Bekanntschaften organisieren plus Kinderfreizeitaktivitäten planen plus die U-Termine einhalten und jahresbedingt gescheite Kinderkleidung parat haben plus neue Lampen für die Wohnung bestellen.

All die Facetten, die mal da waren, all die unterschiedlichen Identitäten, die wir trotz Kindern ausleben und unter einen Hut bekommen wollen ... Es geht nicht und wird nie gehen. Auch wenn ich das mit 34 nicht einsehe und mich mit unrealistischer Aufgabenplanung zeitlich, mental und körperlich überfordere. Schon immer überfordert habe. Obwohl der Lockdown im Frühjahr dieses Jahres doch gezeigt hat, dass man weniger auch überlebt.

Ich werde hier gerade kein gescheites Lampendesign planen. Ich habe aktuell keine Zeit für die neue Wohnung. Für mich. Für Instagram. Nicht mal für meine Depression.

Sobald von mehreren Menschen gleichzeitig Wünsche umgesetzt werden, muss man sich irgendwo treffen. Arrangieren. Wie zur Hölle macht man das – ohne dass es auch mal laut wird?

Bei uns ist schon so einiges kaputtgegangen. Deshalb habe ich kein Aggressionsproblem. Ich bin einfach nur Mutter. Ehefrau. Und Frau. Die Mischung macht's, dass die Tassen fliegen. Hätte man drei Leben, würden sie im Schrank bleiben. Wir haben nur eins. Eins, in dem nichts perfekt ist. In dem wir oft mehr wollen als wir haben und von dem, was wir haben, haben wir öfter mal die Schnauze voll.

Vor den Kindern wollte ich als Mama IMMER ein Lächeln auf den Lippen haben, alles viel, alles oft, alles besser, immer mehr. Heute werde ich als Mutter manchmal laut und unschön im Ton und ziehe mich daraufhin zurück. Hier gibt es viele Küsse, und hier gibt es auch immer öfter Streit. Aber weil ich mich danach entschuldige und für Wärme sorge, kann ich trotzdem in den Spiegel schauen.

Launen sind menschlich. Es ist normal, dass man als Eltern erst ruhig atmet, wenn alles um einen schläft.

Ich wünschte so oft, ich wäre eine besser gelaunte Person, an fast jedem Tag. Ich kann auch als Mutter Ängste rational nicht lösen, Vorhaben nur selten einhalten und keine Entscheidung treffen, ohne innerlich durchzudrehen. Ich bin auch mit Kind an der Seite eine Frau geblieben, die anderen selten traut und sich viel mit Leuten auseinandersetzt, die sie bremsen wollen. Die so lange an jemandem dranbleibt, bis es wehtut. Meistens zu lange. Die nie irgendetwas richtig hinter sich lässt und sich jedes Gefühl merkt. Die sich oft schlecht fühlt, das und das nicht zu sein, obwohl sie tief in ihrem Inneren weiß, was sie glücklich macht.

Wie gern würde ich nach einem Jahr Muttersein Feuchttücher einpacken, statt mich jeden Tag bei einer anderen Mutter für ihre zu bedanken. Oder es vermeiden, neben dem gerade umgefallenen, völlig überladenen Fahrrad zusammenzubrechen, während es anfängt, in Strömen zu gießen. Aber was neu ist – was ich erst kenne, seit ich Mutter bin –, dass ich es mir erlaube, schwach zu sein.

Wenn ich es mir nicht erlauben würde, mich manchmal kurz mit Decke über dem Kopf ins Bett zu legen oder die Waschmaschine anzumachen und laut dabei zu schreien, könnte ich danach nicht die Mama sein, die tanzt und klatscht, »Schau mal Schatz, der Mond, heute ist er uns ganz nah!«.

So vieles, was ich in der Theorie gern wäre. Meine Kinder täglich wissen zu lassen, dass wir gut genug sind wie wir sind, ist das Beste, was ich in meinem Leben aktuell tun kann. Unseren Kindern ist es scheißegal, wer unser optimiertes Ich als Mutter wäre. Sie sind froh, dass sie uns haben. Dass wir nicht aufgeben. Denn das heißt, dass wir sie nicht aufgeben. Und das heißt, dass wir uns nicht aufgeben. Denn ohne uns kein Wir.

Die Kassiererin, die uns heute während des Einkaufs beobachtet hat, meinte beeindruckt, »Sie machen das toll«.

Mein Mann und ich verstehen uns zwar nicht blind, verbringen aber trotzdem jede freie Minute zusammen. Wir haben unserem Sohn zum Geburtstag zum Schluss gemeinsam einen Dinokuchen in seiner aktuellen Lieblingsfarbe, blau, gebacken. Er hat erkannt, dass es ein Dino ist. Ich frage ihn, was ihn glücklich macht. Er antwortet: »Dass wir uns haben. Dass wir eine Familie sind.«

Was Kinder uns täglich beweisen, ist, dass man nicht perfekt sein muss und trotzdem geliebt werden kann. Meine Kinder schenken mir die gleiche bedingungslose Liebe wie ich ihnen. Es ist meine höchste Priorität, ihnen zu vermitteln, dass uns nur bedingungslose Liebe wirklich verbindet. Dass es Verständnis für andere genau wie für uns selbst braucht. Dass wir wissen, was man in der Hand hat und was außerhalb unserer Kontrolle liegt.

41

FOTO

Vollgepackt stiefele ich mit drei Pullovern übereinander durch den Schnee. Der Wintermantel von vor der Schwangerschaft passt nicht. Dafür leuchtet mein Kinderwagen, an dem ich für den Weihnachtsglamourfaktor eine Lichterkette befestigt habe. Ich stelle mich in die 25 Meter lange Postschlange. »Sie sehen ja aus wie ein Schneemann.« Nachdem ich mein Ego mit der Weihnachtspost nach London verschickt habe, watsche ich in den einzigen Turnschuhen, die meinen seit der Geburt immer noch geschwollenen Füßen passen, zurück.

Vor der Tür direkt vorm Eingang steht der Bruder des Nachbarn mit seinem BMW. Da würde ich auch als halber Schneemann nicht vorbeikommen. Ich klopfe ans Fahrertürfenster. »Ist das dein Ernst?« »Ja.« »Ich komm so nicht vorbei. So kommt hier niemand rein oder raus.« »Ist nur kurz, muss den Fernseher hochbringen.« »Ja, dann bring ihn hoch, was machst du noch hier?« »Ach, rede doch mit deinem Mann.« Schöne Nachbarschaft.

Seit ich Mutter bin, bin ich es gewohnt, die Verantwortung für das Fehlverhalten anderer zu übernehmen. Es kostet so viel Kraft – kinderunfreundliches Benehmen. Wenn neben dem Stress, den man mit kleinen Kindern im Alltag hat, auch noch der Rest der Welt meint, einem das Leben erschweren zu müssen. Manchen frustrierten Seelen reicht der Anblick von Müttern, da kann man noch so sehr mit den Armen winken – der Busfahrer fährt vorbei, der Fahrstuhl geht zu, die Haustür fällt vor der Nase ins Schloss. Wir kennen die Regeln, wir versuchen uns, soweit es möglich ist, daran zu halten. Aber was stressen wir uns, wenn das Baby schreit, uns in einem vollen Bus nach vorne zu kämpfen, um zu bezahlen, statt sich erst mal zu setzen, falls jemand einen Platz anbietet? In dem Moment, wenn ich nur daran *denke*, meckert es bereits von der Seite, darauf kann man wetten. Ich habe drei Kinder, gib mir eine Sekunde, warte, kurz das Baby ablegen, Jungs, setzt euch da hin. Meine zwei Hände reichen nicht aus, um abzuzählen, wie oft ich schon im Stehen stillend Münzen aus dem Geldbeutel gefischt habe.

Wenn sich Mitmenschen scheiße benehmen und man daraufhin als Frau und Mutter selbst auch scheiße ist, weil schlecht geschlafen und angespannt, und sie einem vorwerfen, scheiße zu sein und man laut »Scheiße« ruft und die Kinder im Hintergrund murmeln, »Scheiße sagt man nicht«, und man dann nur denkt: scheißscheibenkleisterdreck.

Ich habe immer gedacht, es wäre wichtig, bei einem Konflikt die Perspektive zu wechseln, um Verständnis aufzubringen und zu schlichten, aber seit ich Mutter bin, empfehle ich, keine Entschuldigungen für andere mehr zu erfinden. Habe einmal gelesen, Empathie sei erlernbar. Nun ja, Wakeboarden auch und trotzdem kann es nicht jeder.

Ich baue mir im Kopf eine Rede zusammen – »Was genau hast du für ein Problem und muss ich körperlich aktiv werden, um dir zu zeigen, was ich davon halte?« – und klingele beim Nachbarn, um ihn darum zu bitten, das Arschloch vorm Eingang zu entfernen. Er macht nicht auf.

Nachmittags stapfen wir auf den Spielplatz. Meine Nachbarin ist auch da. Die Jungs düsen weg, ich sitze stillend auf der Bank.

Zu Hause hatte ich noch versucht, die Bande im Wohnzimmer zusammenzutrommeln, um ein Bild für Omas und Uromas zu machen. Aber was man studieren muss, um auf einem Bild drei Kinder dazu zu bewegen, in die Kamera zu schauen, entzieht sich meinem Wissensstand.

Ich versuche auf der Bank ein Selfie zu machen. Yesses, dieses Doppelkinn.

»Darf ich dich fotografieren?«, fragt meine Nachbarin. »Gern.« »Warte, Hilfe, wie soll ich schauen?«

Eine Stunde später schwitzen wir im dm vorm Fotoautomaten, um ein paar der Bildversuche von daheim auf den letzten Drücker auszudrucken. Ich sage »wir«, um mich zu beruhigen, die Kinder verstecken sich in den Gängen, durch die ich mit Buggy nicht durchkomme.

Ich rufe laut, »Wer will ein Eis?«, um sie aus ihrem Versteck zu locken. Das Baby hat Hunger, der Eisautomat bei McDonald's geht nicht. Hat wahrscheinlich Feierabend, zusammen mit dem Fotoautomaten, der nicht ging. Brauche ich nicht zu erwähnen, oder?

Die Jungs wollen für immer in der Filiale bleiben. Ich schaue auf die Uhr. Noch anderthalb Stunden, bis mein Mann nach Hause kommt.

Nach dem Abendbrot frage ich ihn, ob er die Kinder bettfertig macht. Ich gehe vor die Haustür, eine rauchen. Meine Nachbarin schickt mir die Fotos, die sie von mir gemacht hat. Sie sind bezaubernd. Auf einem lächle ich die Jungs an, die gerade klettern, die Kleine schläft friedlich. »Awwww, danke für diese wundervollen Bilder!!!« Ich googele nach einem Online-Postkartenservice und wähle das schönste Bild aus.

42

WEIHNACHTEN

Im Alter wird man gelassener, heißt es. Wir sind der lebende Beweis: Unsere Weihnachtsgeschenke waren nicht verpackt, und wir haben die neuen Nachbarn, die an Heiligabend stundenlang gebohrt haben, nicht angezeigt.

Vor einem Jahr hätte es mich beim Instascrollen in der Weihnachtszeit vielleicht noch gekratzt, dass Renate gerade die neuesten Thermobecher befüllt und Vesperdosen mit achteckigen Pyramidenäpfeln bestückt. Ich persönlich habe nichts davon, wenn vier kleine Hände sehr viel Mehl auf sehr großem Raum verteilen.

Wie Julia Engelmann bereits sagte: »Seid das Original, nicht die Kopie.« Dieses Jahr können sie alle tolle Kekse backen, es ist mir so was von rille.

Als die große, große Schlägerei um die Fernbedienung beginnt, gehen mein rosa Plüschmantel und ich ins Schlafzimmer. Ich tausche ihn gegen eine Blue-Velvet-Satinrobe und fühle mich binnen Sekunden statt wie etwas Ausgelutschtes aus dem Aldi wie 99 Millionen Dollar. Während das halbe Internet gerade Familienpyjamas im Partnerlook trägt, fragt mich ein Scam-Profil, ob ich ein sexy Shootout möchte. Ja, bitte, hol mich ab.

Mein Bauch zieht. Ich gehe auf Toilette, oh, schön, hallo erste Menstruation nach der Geburt! Bloody Merry Christmas. Ich lege mich aufs Sofa und vermute Verschwörungstheorien.

Dieses Jahr war ich sehr müde. Nach müde kommt bekloppt, oder wie sagt man? Seit fünf Jahren renne ich wie eine Verrückte durch die Bude, versuche, das Chaos im Zaun zu halten. Er verdient das meiste Geld, ich sage redaktionelle Aufträge ab. Weil es schlaucht, zu Hause und Kinder und keiner weiß, wie lange sich das so anfühlen wird.

Man will nicht raus aus dem Konstrukt, sondern weiter Familie spielen, nur ohne das Streiten, bitte, und ohne das zahlreiche Sich-aus-den-Augen-Verlieren. Dann beginnt der nächste Tag, und man ist wieder drin im Sumpf. Ändern kann man es nicht, der Tag vergeht zu schnell.

»All I want for Christmas is you«, singt Mariah, who is »you«, frage ich mich. Ach ja, »you« ist Ruhe, all I want for Christmas is my Ruhe!

Als die Tiger schlafen, bleiben wir eine gefühlte Ewigkeit lang gemeinsam sitzen. Irgendjemand macht die Kerzen an. Ich frage ihn, ob er davon überzeugt ist, dass wir das alles hinbekommen. Beide kennen wir von zu Hause nur Einzelkämpfer. Beide wollen wir es anders.

»Ja, klar.« »All das ist Liebe.« Wenn in dem Moment jemand die Kamera draufhalten würde – mega Quality creating Memories Time.

USCHIS WISDOM

Sich zwingen, hinzuschauen

Jedes Mal, wenn ich denke, dass das, was ich mit der Familie habe, nicht reicht und irgendwo irgendwann irgendwas bei irgendwem grüner erscheint. Jedes Mal, wenn sich unerwartet ein Problem auftut, das akut eine Lösung braucht. Jedes Mal, wenn ich das Gefühl habe, an der Verantwortung als Mutter zu zerbrechen. Jedes Mal, wenn ich denke, ich kann und will nicht mehr. Zwinge ich mich, hinzuschauen. Auf uns. Die drei. Ich habe genug. Wir sind genug. Wir haben wahnsinnig viel.

Deshalb lohnt es sich, die wenigen Bilder von sich und den Kindern, auf denen man sich selbst gefällt, auszudrucken, egal wie schwer sich dieses To-do im Alltag umsetzen lässt. Wenn man so ein Bild anschaut, wenn sich mal wieder Zweifel melden, dann passt dieses Wort, das sonst so viel Druck auslöst, wie die Faust aufs Auge: Das hier war perfekt.

43

BAUSTELLE

Nach dem Duschen, nackt vorm Badezimmerspiegel, weiß ich selten, auf welche Baustelle ich zuerst schauen soll. Da wären die kaputten Haarspitzen, die seit einem Jahr keinen Friseur mehr gesehen haben. Der große Bauch, der nach der Geburt einfach geblieben ist und sich wie ein platter Reifen, in den ein Kind mit einer Harke Rillen gezogen hat, in alle Richtungen wölbt. Das Loch in der Mitte mit vier Zentimetern Durchmesser, das früher einmal ein Bauchnabel war.

Mein Blick wandert zu den Brüsten, die durch die Milch darin zwar prall gefüllt, aber heute das sind, wovor man sich mit 18 fürchtet (»Hast du die riesigen Nippel gesehen? Hoffentlich wird das bei uns nicht auch mal so!«). Ich habe meine drei Babys so oft mit der rechten Brust gestillt, dass es mir die linke nicht verzeihen wird.

Und dann sind da noch zwanzig Kilo mehr – besonders gut erkennbar an Unterarmen, Innenschenkeln und Doppelkinn.

Ich streichle über meinen Körper. Ich habe mich noch nie so schön gefühlt wie in den Schwangerschaften. Das Schönste an dreimal Schwangersein war, den Bauch ungeniert herausstrecken zu können. Mein Bauch denkt noch immer, das wäre schön.

Die Vorstellung, wie ich durch 100 Squats am Tag den Po bekomme, den ich immer haben wollte, oder mit Baby in der Trage durch Millionen Sit-ups den Bauchspeck angehe, der schon nach meiner eigenen Geburt nicht weggehen wollte, bleibt auch im dritten ersten Babyjahr eine Vorstellung.

Ich überlege, ob ich meine wunderschönen Kleider und die vielen High Heels behalte oder es einfach lasse. Sich als Mama (wieder) schön zu fühlen, ist kein Kinderspiel. Wo sich bei manchen wie durch Zauberhand alles wieder zurückentwickelt, habe ich nach drei Geburten an meinen Körper viele Fragen. Mein hängender Bauch, zum Beispiel, ist mein täglicher Begleiter. Mein linker Fuß misst seit der Schwangerschaft eine Nummer größer, der Oberlippenbart wächst schneller. Ich kann kein Oberteil tragen, das kurz ist, wenn ich die Hosen nicht bis unter die Brüste ziehe. Irgendwann wird es wieder anders aussehen – ob besser oder schlechter, steht in den Sternen. Heute ist heute. Das Leben geht weiter.

Zum wiederholten Male in meinem Leben schreibe ich einen »Bis dann und dann nur noch xx Kilo«-Zettel, klebe ihn auf den Kühlschrank, ziehe ihn wieder ab und schmeiße ihn in den Müll. In dieser Gesellschaft wird nur gefeiert, wer es geschafft hat abzunehmen und sich zusammenzureißen. Seit ich zurückdenken kann, denkt die Frau in mir, ich wäre nicht genug. Seit ich zwölf bin, spiele ich Abnehmspiele mit mir selbst. Es hat nie funktioniert. Die Rechnung, dass das Muttersein meine problematische Beziehung zu meinem Körper auflösen würde, ging nicht auf. Egal, welche Zahl auf der Waage steht – die Selbstzweifel bleiben gleich.

Es ist leicht irritierend, wenn man den Aha-Moment erlebt, dass man *vor* den Kindern Bombe aussah, es nur leider nie so gesehen hat. Viele der Komplimente, die ich im Leben vor den Kindern als normal empfand, hätte ich mir heute gern einzementiert. Oder als Spruch in eine Schneekugel gesteckt, um selbst dran zu glauben. Wie konnte ich mich vorher nicht beautiful fühlen?

Schluss jetzt – Ich werde die Babyzeit nicht zum dritten Mal damit verbringen, Frust für meinen Körper zu empfinden, statt Liebe. Mein Körper hat sechs Jahre lang Schwerstarbeit geleistet. Schönheit spielt in meinem Leben aktuell halt nicht die Rolle, die dafür sorgt, dass alles glänzt. Und keine Klamotte auf der Welt macht eine Sanduhrfigur, wenn man keine hat. Soo schlimm kann es aber nicht sein, sonst würden die Hände meines Mannes nicht dauernd zu mir wandern.

Ich werfe die Waage in den Müll, kippe die Fitnessshakes ins Klo und investiere in bequeme, gutsitzende Sportkleidung, in der frau sich auch ohne Sport zu machen fit fühlt.

Zwei Monate später. Ich liege im örtlichen Krankenhaus und blicke aus dem Fenster, während ich meinen Zimmergenossinnen erzähle, dass Regé-Jean Page gleich mit dem Heli vorbeikommt und wir übers Wochenende nach Venedig düsen. Wir sind uns einig, dass jede in dem Moment an ihren persönlichen heißen Typen denkt. Dann diskutieren wir, wie wir unser Krankenhausfrühstück wollen – Eier – gekocht, gescrambled oder gepoached. Dass Mango nett wäre. Avocado. Ein bisschen Gurke. Wer getrennt ist, wer noch nicht, wer noch Hoffnung hat, wie alt die Kinder sind, wissen wir schon längst voneinander.

Wir sind drei Frauen, die aus unterschiedlichen gesundheitlichen Gründen am Tag zuvor operiert wurden, nervös waren und die Nacht zusammen verbracht haben. Ich weiß noch, wie ich den Pfleger im Aufwachraum nach einem Burger fragte. »Essen gibt's hier nicht.« Ich am Überlegen, ob ich ihm einen Schein zustecke, damit er es möglich macht, war aber kein Schein da, nur das OP-Hemd, und dann schlief ich schon wieder ein. War der schön, der Dämmerschlaf, Gott, wollte ich, dass der länger geht.

Während die zwei sehr viel älteren Zimmergenossinnen dösen, schaue ich sieben von acht Folgen Modern Love, hole dann aus meiner Tasche eine Gesichtsmaske und eine Haarkur heraus, blicke zur Badtür. Die, die schon Oma ist, öffnet die Augen. »Mach sie drauf! Wann, wenn nicht jetzt?« Der Oberarzt kommt rein, guckt irritiert meine Tonerde an, zehn Studierende im Schlepptau, ich gucke irritiert zurück. Er erklärt, welcher Eingriff bei mir gemacht wurde, bittet mich zu zeigen, wie der aktuelle Stand ist. »Äh, vor allen?« Er nickt, ohne aufzuschauen. Ein paar schauen auf meine porenreinigende Maske. Ich denke an mein frisch operiertes Poloch. »Danke, nein.«

Sie segnen die Wundheilung ab, ich fahre mit dem Bus nach Hause und treffe Mann und Kinder auf dem Spielplatz. Ein Corona-Fall in der Kita, meint er, sonst alles okay.

Der Eingriff, bei dem ein paar Marisken und meine Hämorrhoiden dran glauben mussten und eine Gesichtsmaske im Krankenbett sind also das, was in meinem aktuellen Leben am ehesten an Beauty herankommt.

Es ist so individuell, wie lange es nach der Geburt dauert, bis wir uns wieder gut fühlen. Bei manchen sind das Wochen, bei mir offenbar Jahre. Mein Körper braucht so lange wie er braucht.

USCHIS WISDOM

Eine neue Liebe

Geschminkt, ungeschminkt, gestylt, ungestylt, gebügelt, unge-
bügelt, geglättet, ungeglättet, mit Kleid an, mit Hose an, mit
Schlüpper an, mit alles vergessen, lieber noch mal nachgucken,
mit gewaschenen Haaren, mit zehn Tage zusammenknoten, mit
gemachten Nägeln, mit Schmutz unter den Nägeln, mit saube-
ren Nägeln. Mit vielen Muskeln am Bauch, mit vielen Ringen am
Bauch, mit wenig Haut, mit viel Haut, mit gerissener Haut, mit
straffer Haut, mit Pickeln, mit Schuppen, mit roten Wangen, mit
Concealer, mit Ringen, mit Botox, mit Falten, mit einer, zwei, drei
oder gar keinen Brüsten, mit Mumufalten, mit Hämorrhoiden,
mit gebleachtem Po, mit Haaren, ohne Haare, mit High Heels,
mit Hornhaut, mit Beckenboden, ohne Beckenboden, mit Filter, ohne Filter, mit Huckel auf der Nase, mit Knubbeln auf dem
Körper, mit Flecken auf der Haut. Wir sind alle tolle Frauen!

Gut aussehen ist eine Momentaufnahme. Die wenigsten werden dafür bezahlt. Wir sitzen alle auf dem Klo und kräuseln
die Stirn, während wir drücken. Wir machen beim Aufs-Handy-
Starren alle ein Doppelkinn.

Es ist völlig normal, dass, wenn du unter der Dusche stehst
und mit der Hand deinen Körper entlangfährst, es dich weder
wundert noch aufregt, dass du die Brüste erst kurz vor Bauch-
nabelhöhe versehentlich berührst.

Es ist total schön, wenn der runde Schwangerschaftsbauch
sich so vertraut anfühlt, obwohl schon längst kein Baby mehr

drin ist und dir das keine schlechte Laune macht, dafür zaghaft Dankbarkeit anklopft und es plötzlich warm wird, ganz nah am Herzen, das gleichmäßig pocht.

Du bist einen riesigen Schritt weiter, wenn die Beinhaare nicht stacheln, sondern so lang sind, dass sie weich werden und dich das weder nervt noch irritiert, sondern einfach nur erstaunt. Wenn du, während du feststellst, dass die Fußsohlen wirklich unfassbar verhornhautet sind - »kantig« wäre nett gesagt -, kurz auflachst. Wow, schon wieder eine Woche mit dir selbst und deinen Lieben in diesem einen, großen Leben um. Wie schön es ist, wenn man sich selbst entdeckt, bei einer Liebe, die noch in den Kinderschuhen steckt.

44

FRÜHSTÜCK

Unser Deal lautet: Jeder hat am Wochenende einen Morgen bis neun Uhr Freifahrtschein, der andere muss sich kümmern. Die Person, die bis neun Uhr für die Kinder verantwortlich ist, macht auch Frühstück. Die, die länger im Bett bleiben darf, geht danach mit den Kindern raus und bringt drei Stunden später etwas zum Mittagessen mit. Wer abends weg möchte, muss das bis spätestens Mittwochabend anmelden. Spontan geht auch, aber nur mit Feingefühl und Toleranz, wenn der andere den Abend allein nicht stemmen kann.

Heute ist mein Sonntag, ich kann bis neun Uhr machen, was ich möchte. In meinem Fall ist das nicht schlafen, sondern lesen oder liegen oder rumkruschteln, wonach mir halt so ist. Da kommen die Kinder plötzlich um 8 Uhr 15 rein. »Guuuuuuten Moooooooorgen!« Sie wollen Frühstück. Genau jeeeeeeeetzt. Ich setze mich im Bett auf und frage mich, warum er sich nicht Armageddon-mäßig vor die Tür geschmissen hat. Ich renne in die Küche, und es platzt aus mir heraus, wie viel Glück er hat, dass sie heute – logisch, an Daddys Tag – bis 8 Uhr geschlafen haben und er hier nur eine Stunde rocken muss und nicht mal die klappt. Mit Schwung drehe ich mich um, laufe von dannen und verziehe mich zurück ins Bett. Am Frühstückstisch, eine halbe Stunde später, erzählt er mir, wie viel Glück ich gestern hatte. Er hatte in seiner heutigen Schicht die Zeitumstellung und dadurch eine Stunde länger und dann hat es da wohl einen Vorfall mit Knete gegeben.

Abends, die Spül- und Waschmaschine läuft, wir haben beide noch nichts gegessen. Überall liegen Spielsachen und Wäsche, die aufgehoben und sortiert werden will. Wer will da nicht hemmungslos übereinander herfallen?

Nachdem das bestellte Essen da ist, setzen wir uns auf die Couch und sprechen über Wünsche, Frustpunkte und andere Missverständnisse. Das Essen schmeckt, das Gespräch läuft, es ist schön, sehr besonders. Ich will es mir gemütlich machen und greife nach einem Kissen, schiebe es hinter meinen Kopf und der Tag endet mit Knete im Haar.

USCHIS WISDOM
Datetime

Eltern kleiner Kinder haben jetzt nicht sooo oft sexy Dates. Ich liege abends fast genauso oft wie als Single hundemüde allein im Bett und versuche, adäquate Entscheidungen für die Zukunft zu treffen oder Serien zu schauen.

Bei manchen führt die Diskrepanz und Einsamkeit, obwohl man nicht allein ist, bereits im ersten Babyjahr zur Trennung. Manchmal ist die Trennung auch besser so. Aber so manche Eltern würden es sicherlich schaffen, wenn sie in diesen Jahren vom Leben nicht erwarten würden, eine Romcom zu sein.

Es wäre echt schön, wenn wir zu fünft bis ans Ende aller Tage jeden Tag romantisch zelebrieren könnten, aber wir gehen aktuell oft auf Abstand. Man spricht selten darüber, aber das machen viele Paare, es läuft sehr wenig wie in Disneyfilmen ab.

Ab und an baut man zusammen Möbel auf. Oder bringt eine Fototapete im Kinderzimmer an. Dreimal waren wir über Nacht im Hotel in sieben Jahren Elternschaft. Das war mega. Kann ich nur empfehlen. Kurze Dates im Alltag gehen bei uns meistens in die Hose. Wir hätten dafür ein paar Gelegenheiten gehabt, wenn auch nicht viele, aber wir haben sie nicht genutzt. Es ist normal, wenn es krampft. Völlig okay, wenn man keinen Bock hat und lieber allein im Bad popelt. Das hat, während ihr kleine Kinder habt, wirklich nichts mit der Qualität eurer Beziehung zu tun.

45

KREDITKARTENKLO

Zwei Kinder stapfen durch den Park, eins liegt im Kinderwagen, ihre Mutter wird in wenigen Sekunden einpullern. Plötzlich steht wie aus dem Nichts ein Toilettencontainer aus der Zukunft vor mir. Der mich dank Kreditkartentouchpadfunktion reinlässt. Die Jungs stellen sich als Wachposten davor. Zwanzig Minuten maximal darf man drinbleiben, steht auf dem Schild. Wie gern würde ich noch eine Runde lösen, um nur ein bisschen, nur etwas, so zehnmal zwanzig Minuten vielleicht, zu bleiben. Gibt's hier WLAN?

Die Jungs hämmern von draußen an die Tür. Nicht mal eine Minute … Oft macht mich das rasend. Aber heute ist so ein Tag. So einer von den guten. An dem ich zu happy bin, um mich darüber aufzuregen, dass Deutschland das einzige Land ist, das ich kenne, in dem man fürs Pinkeln bezahlen muss. An dem nicht im Vordergrund steht, wie traurig die Jungs oft sind, dass ihre neuen Freunde wegen Covid immer noch nicht zum Spielen zu uns kommen dürfen und wir deshalb täglich allein unsere Runden ziehen. An dem ich meine Stimmung nicht davon trüben lasse, dass, wenn man ausrechnet, wie wahrscheinlich es ohne stattfindenden Babykurs während eines Lockdowns ist, Kontakte zu knüpfen, eine sehr geringe Prozentzahl dabei herauskommt. Heute Abend werde ich zur Feier des Tages nicht erzählen, dass fernsehen viereckige Augen macht, ohne es beweisen zu können. Ich werde die Lautstärke nicht runter-, sondern aufdrehen. Gute Tage muss man genießen. Denn das Geschrei ist immer groß, egal, ob man nach einer oder zehn Folgen ausmacht, ob man rausgeht oder drinbleibt. Wofür man sich auch entscheidet, es gibt keine Garantie. Ich habe mich mittlerweile daran gewöhnt, dass einer sich genau dann den Roller schnappt und losbraust, wenn der andere aufs Klo muss und das Baby gestillt werden will. Dass man dann auch mal mit Hausschuhen im Hof steht, mit der einen Hand die Brust rausholt, mit der anderen den Schlüssel sucht, der noch in der Wohnungstür steckt, irgendwie muss die Brust doch aus der Trage rausgehen, komm schon. Während man an wildes Knutschen im Club denkt.

Ich sah noch nie im Leben so scheiße aus und war am Ende des Tages so fertig wie jetzt. Eltern mit drei Kindern – wie zwei Halbtote, die nebeneinander her leben und nicht mehr können. Ich werde in der Nacht von mindestens zwei von drei Kindern gerufen, packe mindestens dreimal entweder die Brüste aus oder mache eine Flasche, versuche bestimmt fünfmal, ein endlich wieder schlafendes Kind in unserem Bett so zu positionieren, dass eventuell meine eigene Gliedmaße daneben passt, überlege dabei, selbst ins Kinderbett zu klettern, stehe auf, weil, als käme hier noch Schlaf, sitze eine Stunde mit Handy auf dem Klo, schlafe irgendwann doch ein, um, logisch, direkt darauf geweckt zu werden und joah, so langsam kann man die Jalousien auch hochmachen, in einer Stunde sind eh alle wach.

Babygirl und ich verlassen den Klospot, die nachmittägliche Tour geht weiter, die Jungs düsen los. Da liegt sie vor mir, die Zukunft, bzw. fährt vor mir her, bzw. rennt mir davon. Drei kleine Kinder. Zwei in der Kita, eins im Kinderwagen.

Wenn das Baby in die Kita kommt, kommt ein anderes in die Schule. Wenn eins die Grundschule verlässt, folgt die Kleinste, und ich schreibe diese Kette jetzt nicht weiter, denn wenn man das nur kurz im Kopf skizziert, merkt man: Shit, kann wirklich schnell gehen. Auch wenn sich viele Tage einzeln wie ein Jahrhundert anfühlen.

Als wir vom Spaziergang zurückkommen, merke ich, wie gut gemeinsames Laufen tut. Es sind die kleinen Schritte, die das große Gefühl verändern. Die die Lähmung des Alltags, die ihn manchmal unbezwingbar wirken lässt, für einen Moment in Luft auflösen. Abends rechts und links neben mir fernsehguckende Komiker. Ich schaue meinen Mann, der diesmal zu Hause auf uns gewartet hat, statt wir auf ihn, dankbar an. Da ist es, das Wir-Gefühl. Heute ist so ein Tag. So einer von den guten. An dem es genug ist, dass man gesund ist. Dass man reingehen kann, wenn es draußen windet. Dass man nicht allein ist, wenn die Tür zugeht.

Irgendwo hinter der Tonne habe ich heute heimlich …

46

ALARM

Ein kalter Nachmittag, wir kommen in der Wohnung an, die Kleine auf meinem Arm, ich muss ihr Essen warm machen, die Jungs rennen in ihr Zimmer. Während ich ein Breiglas vom Regal angele und in einen kleinen Topf mit heißem Wasser manövriere, blinkt mein Telefon. Ich blinzle mit einem Auge drauf, während ich mit einer Hand den Topf umrühre und mit der anderen versuche, an das Schneidebrett zu gelangen. Eine Nachricht von einer Mutter aus dem Haus. Sie würde gern wissen, ob ich gesehen habe, was passiert sei. Mein Gehirn sendet mir eine Alarmmeldung, junge Menschen nennen das heutzutage Red Flags, dass weder Kapazität zum Lesen noch mit dem Inhalt umzugehen noch darauf zu antworten vorhanden ist.

Ich habe drei Stunden Spielplatz im Kalten hinter mir, vor mir liegt das Zubereiten des Abendbrots und das Sichergehen, dass alle heil am Tisch sitzen werden, Händewaschen nicht vergessen, Wäsche aus der Waschmaschine, Babykisteninhalt auf dem Wohnzimmerfußboden einräumen, Windelzeug wegräumen, Briefe öffnen, Küchenablage säubern, Geschirrspüler ignorieren, selbst mal auf Toilette gehen. Ich lese weiter.

Mein Sohn sei auf ein seit vier Monaten eingezäuntes Spielobjekt im Hof geklettert, das seit Fertigstellung auf die

Freigabe vom TÜV wartet. Kann man mit einem halben Auge von rückwärts sehen, dass das Ding keine Freigabe bekommen wird. Ihr Sohn sei meinem Sohn gefolgt. Sie empfinde das als gefährlich und würde gern wissen, ob wir ihm so etwas erlaubten, weil, dann müsste sie mit ihrem Kind darüber sprechen, sie würde sich über Feedback diesbezüglich freuen.

Seit es WhatsApp für Mütter gibt, braucht man keine Hobbys oder Feinde mehr. Während mir das mittlerweile heiße Breiglas fast aus der Hand rutscht, steigere ich mich im Kopf immer weiter rein. Was hat denn das, was mein Kind macht oder nicht macht, damit zu tun, was sie ihren Kindern erzählt? Geht es ihr darum, herauszufinden, ob unser Kind einen schlechten Einfluss auf ihr Prachtexemplar hat, ob es ein Versehen war oder ob der Bengel, oh, mit knapp vier Jahren, was für eine Überraschung!, etwa in dem Moment nicht auf seine Eltern gehört hat? Oder will sie nur ein bisschen chatten und ihre Sorgen mit mir teilen und findet nicht den richtigen Ton? Welches Ziel verfolgt man mit so einer Frage?

Mein Mann sagt, durch den Lockdown seien alle durchgedreht. Ich denke, der Schlafmangel bringt uns oft nicht dahin, wohin wir wollen, so von der Persönlichkeitsentwicklung her.

Bei uns im Bezirk gibt es auf der einen Seite die kiezeingesessenen Eltern. Die stehen immer zusammen in ihrer Gruppe, bei Wind und Wetter, die Kinder kloppen sich im Hintergrund, aber die bringt nichts aus der Ruhe, todesentspannt.

Wir wohnen im modernen Neubauprojekt daneben. Hier läuft es anders. Sehr viele Expats. Zugezogene Parents. Da trifft der amerikanische Erziehungsstil auf den indischen, der türkische auf den italienischen. Alle sind natürlich gaaaaanz nett zueinander, ist klar. Aber da geht's ab, sag ich euch. Wehe, da nimmt einer mal die Schaufel weg oder klettert übers Gerüst. Aber das Kind auf unsere private Terrasse watscheln lassen, während wir nackt im Wohnzimmer stehen, ist kein Problem, logisch.

Ich antworte ihr, dass unser Sohn da nicht reindarf. Den Part der passiv-aggressiven Unterstellung und Beschuldigung schlucke ich offiziell hinunter und stelle inoffiziell den Kontakt ein. So wie man das als ganz normale Mutter in Deutschland macht. Was war sie erleichtert, sag ich euch.

Jetzt muss nur noch geklärt werden, wer den Brief an den Vermieter schreibt, damit dieses umzäunte Ding endlich wegkommt. Keinen Brief, natürlich. Ein Ticket. In der Mieter-App. Sollen die doch dafür sorgen, die Kinder monatelang davor zu bewahren, auf dieses Teil zu klettern. Waren doch so fancy beschrieben, die Apartments, im Verkaufsprospekt. Können sie doch eine Nanny hinstellen zum Aufpassen oder verstehe ich da etwas falsch?

Nach einer Enttäuschung soll man achtsam mit sich umgehen, steht im Internet. Gutmütig, liebevoll. Warum bin ich so sauer? Wenn etwas nicht fair zugeht, werde ich wütend. Was geht die unser Kind an? Soll sie sich doch auf ihres konzentrieren. Und wenn sie meint, es gäbe etwas zu klären, warum klingelt sie nicht? Warum denkt jemand, es wäre okay, solch eine Angelegenheit via WhatsApp-Nachricht zu erläutern? Es tut weh, dass sich eine, von der ich dachte, dass sie eine Muttifreundin sei, mir gegenüber so verhält. Da darf man kurz traurig sein. Ein Kind, das Wut zeigt, möchte meistens Liebe.

Kinder halten einem den größten Spiegel vor. Seit ich mit Neugeborenen, Kleinkindern und Vorschülern hantiere und es an den meisten Tagen ums reine Überstehen geht, sortieren sich immer mehr Kontakte, die wenig Verständnis für

unterschiedliche Bedürfnisse zeigen und nur die uneinge-
schränkte Aufmerksamkeit für sich selbst einfordern, auto-
matisch aus.

Ziemlich schmerzvoll war das am Anfang. Heute erkenne
ich in der Entgiftung meiner sozialen Kontakte mit den
schönsten Nebeneffekt: Man muss keine Zeit mehr für Menschen oder Dinge auftun, die einem nicht guttun. Man hat
ja nicht mal welche für die, die einem guttun. Es tut so gut,
zu sehen, wer da ist, und nicht an die aus der Vergangenheit zu denken.

Wenn ich heute mal Zeit habe, dann mache ich nur noch
das, was mir etwas bringt: schreiben. Die Badezimmertür zu.
Menschen treffen ohne Verabredungsfiaskorisikopotenzial.
Spazieren gehen. Liegen. Träumen. Popeln. Pupsen. To-do-
Listen schreiben, um mich zu sortieren, wohl wissend, dass
davon wenig umgesetzt wird, das Erfassen trotzdem bes-
ser tut als ein Treffen mit jemandem, der mich stresst. Am
Handy scrollen. Ein Date mit dem Bachelor im Bett vorm
Laptop. Ein Galeriebesuch der Ausstellung, die ich unbedingt
sehen will. Kinderkleidung sortieren. Immobilien googeln.
Hände eincremen. Fußsohlen hobeln.

Für die nächsten Jahre wird die Beziehung zu uns selbst
die einzige sein, die wirklich spannend bleibt, die kein Alltagsfrust killen kann, weil man so selten Zeit für sich hat.
Die Angst, etwas zu verpassen, die beim ersten Kind noch
viel öfter angepocht hat, ist weg. Dafür die Erkenntnis: Man
verpasst nichts. Außer vielleicht ein Hammerdate mit sich
selbst.

47

FASSADE

Meine Kinder haben sich heute Morgen geweigert, nackt in die Kita zu gehen. Nachdem sie sich geweigert hatten, sich anzuziehen. Und ich mich geweigert hatte, es zu akzeptieren, dass sie lieber Glastüren eintreten, als nur einen Fuß zu bewegen, die Nummer allein zu bewältigen und meinen Mann brüllend aus dem Meeting gerissen habe.

Mein Sohn sagt, dass er zu Hause sein möchte. Ich erkläre ihm, dass ich dann nicht arbeiten kann. »Du bist in der Kita, zum Spielen oder was auch immer du machen möchtest. Ich arbeite, damit wir etwas zum Wohnen, Essen und Spielen haben, wenn ihr aus der Kita kommt.«

»Kein Problem«, sagt er. »Ich gucke einfach den ganzen Tag Fernsehen.«

Es ist so leicht, sich zu verlieren in dem Moment, wo man soo viel Verantwortung übernimmt für kleine Lebewesen. Das ist ja schon beim ersten Kind so, da haut es einen komplett um. Beim zweiten versteht man vieles besser, ich war bei einigen Dingen gelassener. Aber beim dritten …

Dieser Kommentar, »Das Dritte läuft nebenher«. Klar läuft es nebenher, es hat keine andere Chance, es bekommt ja nicht 100 Prozent Aufmerksamkeit wie Kind eins oder 50 wie Kind zwei. Es muss die Aufmerksamkeit von Geburt an nicht nur teilen, sondern dritteln.

Ich kann definitiv sagen, dass unser drittes Kind auf den ersten Blick im ersten Jahr nebenherläuft, aber aus der Perspektive der Eltern laufen zwei andere parallel. Also nee, da läuft gar nichts nebenher.

Mein Mann hat mich beruflich erfolgreich, von Freundinnen umgeben und selbstbewusst kennengelernt. Wie schnell die Fassade bröckelte, hat ihn überrascht und überfordert. Der Therapeut, bei dem ich sitze, seit ich Mutter geworden bin, wiederholt, ich sei bedürftig, nicht kompliziert – verständlich, aufgrund vergangener Erlebnisse. Ich denke oft, er übertreibt, oder: Was soll das Selbstmitleid? Für Wut ist hier kein Platz, drei Kinder sitzen an unserem Tisch.

Manchmal renne ich mittags heulend durch die Straßen, weil ich selbst beim dritten Baby nicht gelernt habe, dass das nicht geht: Wenn man alles sein will – liebevolle Mama, Top-Businessgirl, tolle Partnerin. Und – wie sollte es auch anders sein? – nichts davon gerade richtig leben kann.

Ich frage mich, wer ich heute wäre, hätte ich nicht das Bedürfnis nach vielen Kindern gehabt. Wer war ich vor den Kindern? Vermisse ich diese Person? Verblasst die Erinnerung schon? Schaffe ich das, die Stellung zu halten, ohne selbst vor die Hunde zu gehen?

Es muss einen Weg geben, es besser auszuhalten. Diesen Familienstress. Diese tausend Möglichkeiten. Diesen komplett privilegierten Superwahnsinn. Was essen wir heute. Wohin geht es in den Urlaub. Wer bekommt was zum Geburtstag. Was machen wir am Wochenende. Wer testet die Kinder, wer räumt den Keller um, wer packt die Geschenke ein, wer klärt die Versicherung, wer faltet die Wäsche, wer will einen Smoothie, welche Schule wird's, welches Nachmittagsprogramm. Ich muss die Steuererklärung machen, abnehmen, an uns arbeiten, mich bei den Babykursen anmelden. Sätze mit einem Muss werden selten wahr. Es muss doch einen Ausweg aus dem Hamsterrad geben. Irgendetwas, damit es leichter wird. Es kommt ein Muss nach dem anderen. Zu viel Muss hält niemand aus.

Ich kann aus vollem Herzen sagen: Seit ich Mutter bin, war ich leider nicht mehr entspannt. Ich kann aus unendlich angespanntem Herzen sagen: Es vergeht kein Tag, an dem ich mich nicht frage, wie das alles auszuhalten ist, warum ich es aushalte und ob sich das Aushalten lohnt. Viel zu oft geht es ums Funktionieren und Abarbeiten, statt im Moment zu verharren, damit wie bei den Kleinen aus Fantasie Fantastisches entstehen kann.

Das Niveau an Zeit und Hingabe, das ich seit Jahren verfolge, was meine Kinder betrifft, kann ich nicht durchgängig halten. Auch nicht faken. Nur hoffen, dass es, wenn es weg ist, wiederkommt. Es ist, was es ist. Es ist Liebe.

»Ob wir die Quittung von ihnen noch irgendwo haben?«, scherzt mein Mann. Alle, die Kinder haben, wissen, was er damit meint.

5 Uhr 30, ich gehe ins Bad. Jemand klopft an die Tür. Ich öffne sie. Und da stehen da einfach mal alle drei Kinder. Alle Hand in Hand. Ich merke, wie mein Blick Stück für Stück weiter runterwandert, immer etwas mehr, um alle einzeln anzuschauen. Das erträgt man fast nicht. Wie einem da das Herz schmilzt. Ein Satz von meiner Oma hallt in meinem Ohr nach: »Du musst aufpassen. Wenn etwas Schlimmes passiert, das verkraftest du nicht, das bereust du dein ganzes Leben.« Eltern kleiner Kinder sein: brutal. Irre. Gut.

48

KAMPFTAG

Freitagabend. Party. Hab mich im Korridor versteckt. Eine Packung Kekse gegessen. Gerade gab es Streit. Anstrengend ... Weil ... Na ja ... Ich finde am Weltfrauentag immer alles besonders anstrengend.

Dieser Feiertag ... Ganz ehrlich. Das Einzige, was mir an dem Tag jedes Mal klar wird, ist, welches Problem unsere Generation an Frauen hat. Wir wollen es nicht mehr so, wie es war. Gleichzeitig ist es in den meisten Familien aber noch genau so. Ich rede von Vereinbarkeit.

Ich finde Frausein spätestens seit der Pubertät, mit Mutterschaft obendrauf, unterirdisch anstrengend. Ist all dieses Festgefahrene wirklich unüberwindbar? Ich hätte es unglaublich gern anders. Und gleichzeitig bin ich froh um die ersten drei Jahre meiner Mutterschaft, in der ich von Care-Arbeit und Mental Load noch nichts wusste.

Dafür trat dann der Missstand um so deutlicher zutage, und dann kam der Schock. Vor den Kindern war ich Chefredakteurin. Habe mehr verdient als mein Mann. Ich wollte aber auch eine sehr präsente Mama sein. Es geht nicht beides zusammen, wenn man beides gut machen will. Ich habe ein paar sehr gute Angebote abgelehnt. Ich wollte einfach nicht Vollzeit arbeiten, während sie ganz klein sind. Und dann entsteht halt so ein Loch.

Jetzt habe ich wieder Bock, durchzustarten. Aber über die Jahre hat es sich eingeschlichen, dass ich nachts arbeite oder parallel, wenn irgendjemand schläft, oder irgendwie anders anstrengend organisiert.

Ich habe alle Kinderkrankheiten und Alltagsorga abgefedert. Und plötzlich ist der Kampf an. Dieses Ausloten – zwei, die sich gegenseitig batteln: Welche Arbeit ist wichtiger? Meine bezahlte Arbeit kann nicht vorausschauend für zwölf Monate garantieren, was reinkommt, konnte sie noch nie. Ich verstehe, dass man auf meiner Selbstständigkeit nicht eine komplette Familie ausrichtet. Ich verstehe, dass man überlegt, ob man wirklich von Vollzeit auf Teilzeit gehen kann. Ich verstehe das.

Aber was ich auch verstehe, ist: dass der, der ständig zurückstecken muss, gar nicht herausfinden kann, wie viel er einbringen kann. Oder in den meisten Fällen sie.

Es ist so wichtig, dass es jetzt viele mehr gibt, die darüber sprechen und darüber Bücher schreiben – über Vereinbarkeit und wie das anders gehen kann, wenn beide wollen.

Musste gerade unterbrechen. Wir mussten erst mal klären, wie ich hier weiterschreiben kann, weil es, logisch, überhaupt nicht hinhaut, mit sämtlichen Bedürfnissen der anderen Familienmitglieder an einem Freitagabend als Mutter allein am Schreibtisch zu sitzen. Diese Freiheit – da jetzt stur zu bleiben, weil mein kreatives Ich das hier machen will und damit die anderen, die gemeinsam essen wollen, zu enttäuschen …

Die Vereinbarkeit ist ein richtiges Problem geworden, das herauskam, als sich neben stillen, essen und schlafen bei mir wieder andere Bedürfnisse meldeten. Da liegt auch die Problematik: Ich habe keine Geduld für das Thema. Das ist das Erste, was ich mir eingestehen muss. Ich bekomme das nicht in einer Woche gelöst, nur, weil ich das so extrem fühle. Es ist, als hätte ich über die Jahre unbewusst meine Geduld verpulvert und jetzt ist nichts mehr da, obwohl es ein Thema ist, das Zeit braucht und viele Gespräche, um etwas zu verändern.

Zu Hause gleichberechtigt leben – es kann sehr lange dauern, dahin zu kommen, ähnlich wie die Arbeit an einer Beziehung, hört das Thema auch nie auf. Muss immer nachgefasst und geklärt werden, und das auch sehr organisiert, und ich glaube, deshalb fällt es uns so schwer. Aber es nicht zu klären, ist auch keine Lösung. Da unsere Jalousie kaputt ist und der ganze Hof in unser Wohnzimmer schauen kann, werden wir heute nicht streiten. Er sichert mir einen Bürotag zu, an dem ich nicht flexibel springen muss, was die Kids betrifft, und geht Teilzeit an.

Mein Traum ist es, dass wir beide fünf Stunden täglich arbeiten, die Nachmittage aufteilen, in den Abend hineinleben, Geld für eine Haushaltshilfe haben und am Wochenende am Strand sitzen. Plus: Mein Mann bringt jeden Abend die Kinder ins Bett. Ich schicke das jetzt mal raus aus dem Fenster über den Berliner Himmel ins Universum.

49

BRÜSTE

»Ihre Brüste sind völlig in Ordnung. Wenn Sie etwas machen wollen, dann die Stirn. Da kann man viel retten, wenn man jetzt beginnt.« Die Schönheitschirurgin scannt mich von oben bis unten ab. Ich stehe oben ohne in einem sterilen Sprechzimmer vor ihr, atme tief ein und weiß nicht, ob ich träume oder ob das wirklich passiert.

Das bekommt man also als Antwort, wenn man neugierig ist zu erfahren, was außer Milch aus Brüsten herauszuholen ist und dafür 25 Euro Erstberatungsgebühr bezahlt. Ich schaue sie stirnrunzelnd an.

»Sie tragen viel Frustspeck mit sich herum. Ihnen geht es nicht so gut, das sieht man, alles hat eine andere Form. Wenn sie abgenommen haben, können Sie wiederkommen, wenn Sie die Brüste dann immer noch anders haben wollen.«

Wann habe ich ihr gesagt, dass ich abnehmen will? »Mann, Haus, Kinder, ich verstehe das. Ich habe gleich gedacht, als Sie zur Tür hereinkamen: Da ist sie, Bridget Jones! Aber hey, die hat auch wieder abgenommen.«

Fünf Minuten später sitze ich im Auto und rauche eine Zigarette. Es ist Oktober. Es ist kalt. Meine Kleine ist ein halbes Jahr alt, ihr Vater heute mit ihr zu Hause und ihre Mutter hielt es also für eine gute Idee, den kinderfreien Vormittag mit dieser Frau zu verbringen. Bridget Jones. Geht's noch?

Es macht keinen Sinn, sich heulend im Bett zu verkriechen, weil man – oh Wunder – als Mutti nicht aussieht wie Jessica Alba oder die Rakete aus *Sex/Life.*

Es gibt dann die, die einfach handeln: Beautybehandlungen durchführen (lassen), Fitness, Klamotten, Styling, vielleicht auch die ein oder andere Operation.

Oder die, die so etwas aus Prinzip verneinen, beziehungsweise sich von äußerer, gesellschaftlich normierter Schönheit nicht beeindrucken lassen.

Und dann gibt es die, für die es um mehr geht als die Veränderung der Oberfläche. Die den Großteil ihres Lebens mit Komplexen überlagert haben, die sich auch mit der Mutterschaft leider nicht in Luft auflösten.

Die »nicht einfach etwas machen lassen« würden, obwohl sie gern wollten, weil ihr eigentlicher Wunsch ist, endlich so akzeptiert zu werden, wie sie sind.

Es ist nicht so, dass Beauty mein Leben ausmacht. Aber die Obsession vom guten Aussehen begleitet mich wie viele andere Frauen von Kindesbeinen an. Der Kampf, meine Weiblichkeit in einer Form zu leben, die so viel weiter entfernt ist von dem, was ich mir immer gewünscht habe, hat mich in 35 Jahren an die dunkelste Stelle meiner Seele gebracht.

Ich nahm als Dreizehnjährige an, die breitesten Schultern, dicksten Arme, unterschiedlichsten Brüste, größte Nase und den hässlichsten Bauch der Welt zu haben. Hatte ich nicht. Hat niemand. Verquere Selbstwahrnehmung bricht dir das Genick.

Meine »absolut okayen« Brüste und Bridget Jones fahren nach Hause. Wenn ich auf meine Kinder blicke, die so perfekt sind, jeder Zentimeter an ihnen, dann bete ich zu Gott, dass sie niemals so über sich denken werden. Sie können mich verfluchen für die Klamotten oder Frisuren, die sie getragen haben. Ich hoffe nur, dass sie niemals so viel Zeit dafür verwenden werden, Listen zu schreiben mit Dingen, die »optimiert werden müssen«, um okay zu sein. Denn dann wird das Leben ganz schnell zu einem »Bis dahin das und das machen« und »Erst, wenn das und das gemacht ist« und dieses »Sich okay fühlen so wie man ist« wird etwas weit Entferntes, etwas Unbekanntes, etwas, was noch nicht da ist, vielleicht nie da sein wird.

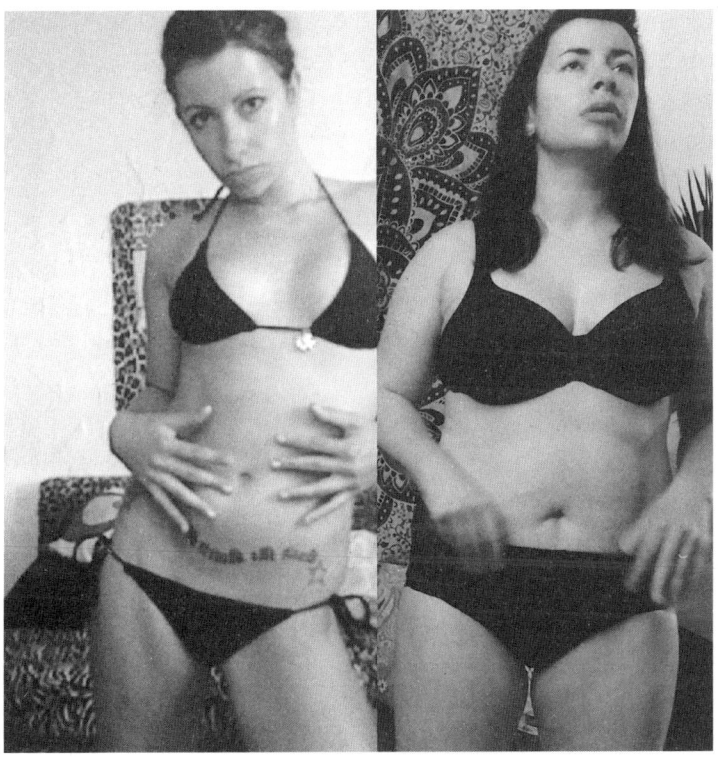

Links, 21: Antwortet ihren Affären gern mit sexy Bildern. Fragt sich, ob sie je geliebt werden wird.
Rechts, 33: Wiegt mehr als ihr lieb ist. Wird so was von geliebt!

Ich habe mir in meinen Zwanzigern durch Komplexe so viel verbaut, habe mir so manche Dinge nicht zugetraut, obwohl mir danach war.

Mega-geil aussehen zu wollen, ist heute genauso präsent, aber die Ressourcen dafür sind halt beschränkt. Ich will mich genießen. Der Wunsch, das zu tun, worauf ich Lust habe, in dem Körper, den ich in dem Moment habe, ist heute zehnmal größer, als der, 24/7 fuckable zu sein.

Es klingelt. Der Paketbote. Ich bin es mittlerweile gewohnt, die Tür zu öffnen, ohne vorher einen Blick in den Spiegel geworfen zu haben. Heute bleibe ich davor stehen. »Is it hot in here or is it me?«

Man muss sich nicht schön fühlen. Aber man kann versuchen, sich zu mögen. Wenn alles super läuft und ich über 100 werde, bekomme ich noch zweimal so viele Jahre geschenkt. Ob ich mir die Brüste machen lasse? Keine Ahnung.

Es gibt viele Ambitionen, die übertrieben sind. Mit dem eigenen Körper Frieden zu schließen – egal, auf welchem Weg – ist es nicht.

50

GEBURTSTAG

Mein Dreijähriger schmeißt – weil ich nicht auf dem richtigen Teil des Fußwegs gelaufen bin, den er mir zugeteilt hatte, ich war mit dem rechten Fuß genau fünf Zentimeter zu weit links – auf dem Weg zur Kita sein Fahrrad hin, verschränkt die Arme und will nicht weiter.

Mein Laptop wurde gestern das dritte Mal in Folge mit Wasser getauft. Der Täter war danach zusammen mit seinem Dad unterwegs, um Daten zu retten. Wer kennt die Sex and the City-Folge, in der Carries Mac crasht, und wer glaubt, dass es heute noch Menschen ohne Sicherheitskopien gibt?

Mit Kind Nummer drei bin ich in meinem Leben an einem Punkt angekommen, an dem ich das Chaos nicht mehr ertrage. Ironisch, denn je mehr Kinder man bekommt, desto größer wird es.

Einer saust vor mir, einer läuft neben mir, eine sitzt mittlerweile im Buggy. Oder stellt sich auf. Oder läuft an meiner Hand in einem aktuell für mich angenehmen Tempo.

Gerade rasen wir, um nicht zu spät zu kommen. Ich habe atemtechnisch zu tun. Bin aus der Puste. Mein Körper fordert seit Monaten Hilfe.

Ich war schon immer eine Frustesserin. Eine Stressesserin. Eine Genussesserin. Es fällt mir nicht leicht, gesund zu leben. Ich bin von Vorher-Nachher-Instagrambildern weit entfernt.

Es gab Zeiten, in denen ich joggen war, besser schlief, konzentrierter arbeitete. Die sind, seit ich Kinder habe, rar. Mein aktuelles Tagesziel ist, nach der Kita-Abgabe direkt weiterzulaufen und irgendwie auf 12 000 Schritte zu kommen.

Ich habe ein schlechtes Gewissen, weil die Eltern gebeten wurden, die Kinder zu Hause zu lassen, und ich hier lang laufe, weil ich Angst habe, dass sonst etwas Schlimmes passiert. Durch die Bäume gibt es keine freie Sicht, keinen weiten Blick. Ich fühle mich klein und ängstlich und so, als würde ich mich auf dem Boden wohler fühlen als geradeaus zu schauen.

Die S-Bahn fährt vorbei und wenn ich jetzt die Augen schließe, klingt es fast wie Meeresrauschen. Man sieht die Sonne auch in Berlin. Man muss sich nur aufraffen, sie zu suchen und einen Schritt nach den anderen setzen.

Morgen ist mein Geburtstag. Ich kenne die Nummer mit Kindern mittlerweile, er wird mir direkt morgens um 7 Uhr abgestritten werden, »Mama, neeeein, heute ist meeeeeeein Burtsltag!!!!«

Kerzen selbst auspusten, Geschenke auspacken, den ersten Muffin des Tages für sich allein haben – ganz vage erinnere ich mich an diese Momente.

Ich laufe zum dm und kaufe ihn mit Dingen leer, die ich nicht brauche. Anstatt Orchester, roten Teppich und Feuerwerk, wünschte ich mir zum Geburtstag, dass jemand nachher meinen Krempel reinträgt und mir frisches, leckeres Mittagessen kocht.

Auf dem Rückweg entdecke ich einen neuen Supermarkt. Ein absolutes Highlight. Breite Gänge, hübsch angerichtetes Gemüse, Café-Ecke, kostenloses WLAN, sauberes Klo.

Ein wunderbar sortiertes Regal lockt zur Supplements-

Abteilung. Was das für ein riesiger Markt geworden ist. All das, was meine Mutter niemals nehmen würde. Ich bin so aufgewachsen, dass so etwas »nur Geldmacherei« ist. Dass es nichts in diesem Leben gibt, was man nicht mit gesunder Ernährung, Sport und frischer Luft hinbekommt.

Vielleicht hat sie es mir zu krass eingetrichtert. Genau an diesen Grundprinzipien scheitere ich ja. In meinen jungen Jahren, in denen man sich seine Coping Mechanisms aneignet, gab es auch keine Vorbilder wie Pamela Reif oder so. Ich habe Brody von The Distillers oder Amy Winehouse vergöttert, aber nicht wegen ihres Fitnesslevels, sondern wegen ihrer Musik. Die Vorbilder heute sind krass disziplinierte Frauen.

Ja, und dann steht man vor so einem Regal »ganz natürlicher« Pillen, bewegt sich auf die 40 zu und der Körper streikt. Und weil ich am liebsten zu meinem in den Zwanzigern ausgiebig getesteten, altbewährten Trio Tiefkühllasagne, Ben & Jerry's und Kippe möchte, balanciere ich die 500 »veganen Superfit-Vitaminbomben« in der einen Hand, den Buggy in der anderen so schnell wie möglich zur Kasse. Als die Frau von der Bäckertheke meinen Cappuccino und das Croissant zur Tischecke bringt, fühle ich mich gesehen. Wertgeschätzt. Falls jemand einen Briefumschlag mit Cash drin findet: Das ist das Geburtstagsgeld von meinen Eltern, das die Kinder mir beim Gratulieren weggenommen haben.

51

SOFA

Seit Wochen versuchen wir, ein neues Sofa zu finden. Für meinen Mann steht fest: Die gebrauchte Nummer wird es nicht mehr. Seit Jahren erfährt er eine Minute vorher, ob gleich etwas raus- oder reingetragen wird. Duldet seine Rolle als spontaner eBay-Liefer- oder Abholservice ohne Murren, weil er die Kehrseite seiner Ehe kennt, wenn alles bleibt, wie es ist. Doch im Hinblick auf den Verschleiß an gebrauchten Sofas der letzten Jahre zieht er die rote Karte. Sooo schöne Exemplare hatten wir schon. Auf keinem saßen alle gut. Eine will lesen, einer Fußball gucken, zwei toben, vier von vier fassen mir an die Nippel.

Finde mal ein perfektes Sofa am Laptop, ohne darauf zu sitzen. Erzähl das mal Verkäufern, die wegrennen, wenn sie dich mit zwei Jungs auf Rollern sehen. Wir sind verzweifelt, würden gefühlt alles nehmen. Ah nee, nur mit Lehne auf der linken Seite lieferbar, nicht rechts, jetzt kommt er wieder mit der U-Form, hast du unser Wohnzimmer gesehen?

Ich möchte es in Türkis und aus Stoff. Dunkelgrau oder Kunstleder, sagt er. Die Lehnen hoch, damit man gut drauf sitzen kann. Ich sehe uns eher darauf liegen, schön weich und breit und tief wäre ideal. Funktionen soll es haben, meint er, am besten das Komplettpaket mit Schlafmöglichkeit und Stauraum, zum Sparpreis, versteht sich von selbst. Die, auf die ich zeige, haben Holzfüße oder schwarz lackierte, Hauptsache kein Chrom, ohne Funktionen. Er zeigt auf Chrom. Ohne Lieferzeit wollen wir beide, juhu, eine Gemeinsamkeit.

Eines Morgens denken wir, es wäre eine gute Idee, am verkaufsoffenen Sonntag zu fünft in ein Möbelhaus zu marschieren. Der Dreijährige entdeckt im EG ein Mini-E-Auto, einen schwarzen Bentley, den der Hollywoodnachwuchs oder die Vorstadtkids auf Finanzierung fahren, und schreit auch im zweiten Stock in der Armklemme seines Daddys noch wie am Spieß. Ich verschnaufe – »ganz kurz« auf einem Lederding mit LED und USB. Frage rüber: »Auf welchem siehst du uns denn gemeinsam liegen?« Er ruft, parallel zum Gebrüll, zurück: »Sollen wir noch einen Küchenläufer mitnehmen?« Das Baby wacht auf. Ich verziehe mich in eine Ecke, ziehe den Pullover hoch, es dauert keine drei Sekunden, bis sich die erste Person beschwert.

Ich habe das Gemache nie verstanden. Mein Baby hat Hunger, also bekommt es die Brust. Oder die Flasche, wenn die Brust nicht kann/nicht da ist/nicht will. Wer mit Stillen ein Problem hat – egal wo, egal wie, egal wie oft, egal wie lange –, der bekommt eine Flasche an den Kopf. Oder ein »Guckstn so?!« (wirkt immer, I swear! Falls nicht, hilft: »Willste auch mal?«).

Einmal bin ich richtig laut geworden, als einer erzählte, dass seine Freundin abpumpen solle, damit sie in der Öffentlichkeit nicht die Brust rausholt. Aber auch da gilt: Leben und leben lassen. Wenn ein Sohn im Bus, ohne sich bei mir abzumelden, ins obere Stockwerk läuft, der andere ein Foto von mir macht, während ich seine Schwester stille und ich nur noch hoffe, die Situation im Griff zu haben, andere mir mit ihren Blicken aber offenbar das Gegenteil attestieren – dann ist das *ihr* Problem.

Ich hoffe, dass sich Mamas da draußen, bei denen das Stillen nicht klappt, aus welchen Gründen auch immer, nicht schlecht fühlen. Ganz ehrlich: Stillen oder nicht stillen ist erst der Anfang. Ich erzähle jetzt lieber nicht, was los ist, wenn es beim Kita-Elternabend um den Inhalt der Brotdosen geht …

Wie schafft man es – DAS Sofa zu finden. Das verrät einem auch kein Mensch. Dabei ist das der heiße Alltagsscheiß, der wirklich vernünftige Lösungen braucht. Wir schnappen unsere Räuber, fahren nach Hause und bestellen ein dunkelgraues Sofa mit Stauraum und Schlaffunktion im Sale. Wer so etwas löst und nicht »Ich hasse Kompromisse« schreiend von dannen zieht, der rockt.

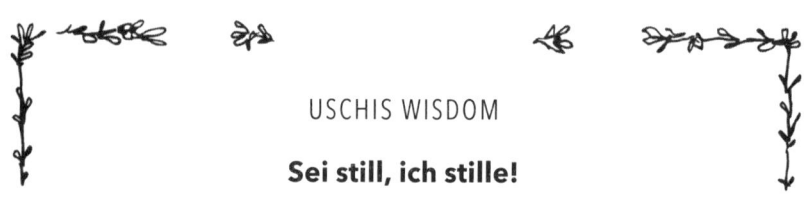

USCHIS WISDOM

Sei still, ich stille!

Ich hoffe, dass sich keine Mama da draußen dafür schämt, dass für ihr Baby überlebenswichtige Milch aus ihren Nippeln spritzt, und dass die Gesellschaft endlich versteht, dass weder Baby noch Nippel darauf warten können, bis man dafür hinter Gardinen auf dem heimischen Sofa sitzt.

Ich hoffe, dass in diesem Jahrtausend Erwachsenen nicht mehr erklärt werden muss, wie wichtig und normal Stillen ist. Es gibt Millionen komplizierter Dinge auf dieser Welt. Das hier ist etwas Einfaches: Wer's nicht sehen will, guckt weg.

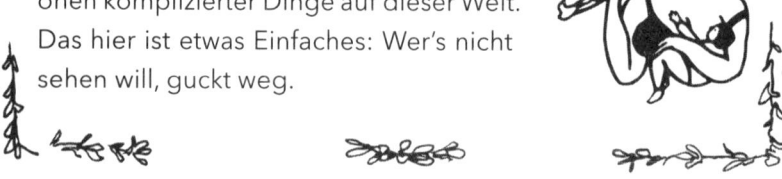

52

BÄCKER

»Mama, ich will keine Brezel, ich will einen Donut!« »Neeeeeeeeeeein, ich will keine Banane, geh weg, dann bin ich nicht mehr dein Freund!!«

Kein Trip nach draußen, ohne dass mir im Akkord Befehle entgegengeschleudert werden. Kein Spaziergang, ohne meine Stimme zehnmal, »Was sagt man, wenn man etwas möchte?«, »Nicht schreien, genau«, »Nein, das geht nicht«, »Ich habe kein Geld dabei«, »Dann musst du selbst bezahlen«, sagen zu hören. »Kein Problem, Sie können das ein andermal zahlen.« Aaaaaaaaaaaaaah.

Von hinten boxt es in meinen Po, von der Seite schallt ein »Mamiii, kann ich die Zeitschrift haben??«. Die Hand, die gerade noch geboxt hat, öffnet eine unbezahlte Packung M&M's. »Mir reicht es. Ich sage es noch mal: Man darf NICHTS einfach so nehmen, man muss vorher bezahlen, sonst heißt das Stehlen und dann kommt sofort die Polizei.«

Wäre ich mit 20 an so einer abgekämpften Mutti vorbeigelaufen, ich wäre mir so sicher gewesen, niemals eine von ihnen zu sein. Ich frage mich, ob es schlimmer wird mit den täglichen Meckereskapaden. Ob sie besser zu ertragen wären, würde ich gerade super-fresh aussehen. Was einmal aus Kindern wird, die gefühlt alles bekommen.

»Die Zeitschrift und zwei Donuts, bitte.« Mittlerweile können wir bei drei Bäckereien anschreiben. Man weiß ja nie, wofür man es mal braucht, nicht wahr?

USCHIS WISDOM

Meine Mutterschaft in Zahlen:

- Abermillionen Küsse
- 84 635 Windeln
- 10 gebrauchte eBay-Buggys
- 7 Wochen Mutter-Kind-Station
- 6 Wochen Tagesklinik
- 4 Staffeln Das Sommerhaus der Stars
- 3-mal Kaiserschnitt
- 3 Jahre Babygeruch
- 2-mal Paartherapie
- 1 Jahr Familientherapie
- jeden Tag die Frage in meinem Kopf, wann mich jemand abholt, duscht, anzieht und mir die Haare föhnt

53

KINDER

Manchmal hasse ich es. Jeden einzelnen Morgen. Jeden einzelnen Abend. Jeden einzelnen Moment, in dem keiner zu Hause auf das hört, was ich sage. Jede einzelne Sekunde, in der etwas auf mich geschmissen wird, in der ich »Das ist unfair!« höre, in der mir zum 4678. Mal an einem Tag an den Kopf geknallt wird, dass ich schuld dran bin, wenn ein kleiner Mensch, der aus meinem Körper gekommen ist, etwas nicht sofort bekommt, was er möchte.

All die Millionen Momente, in denen mich Kinder aus dem Schlaf reißen, die Tür zum Klo öffnen, sich genau da auf die Yogamatte legen, wo ich gerade eine Katze-Kuh machen will, wenn zig Becherinhalte über den Tisch fließen, ich, während ich mich bücke, um sie aufzuwischen, mit Essen beworfen werde, die Spülmaschine nach der Hälfte der Zeit ausgemacht wird, die Waschmaschine mit Dingen, die nichts darin verloren haben, an.

Jedes einzelne Mal, wenn der Badewannenwasserhahn aufgedreht wird, weil jemand »nur kurz« irgendetwas ausprobieren will, wenn zum x-ten Mal die Klopapierrolle in der gesamten Wohnung, der Inhalt der Malbox auf der Kinderzimmerwand verteilt, wenn in Möbel geritzt wird, Bälle durchs Wohnzimmer fliegen, Spielplatzsand aus Schuhen und Hosen rieselt, nachdem ich gestaubsaugt habe, Geschirr stehen gelassen wird, Sachen ignoriert werden, Zähneputzen wie Misshandlung wirkt, Einschlafgeschichten, die ich mir als Kind gewünscht hätte, als »lame« betitelt werden, jeden einzelnen Abend, kannste die Uhr nach stellen, wenn sie endlich im Bett liegen, »Ich habe Hunger« kommt. Wenn meine Kinder sagen, »Wir müssen auf dich hören, aber du nicht auf uns«, wenn sie denken, sie können machen, was sie wollen. Wenn ich den Hass in meinen Backen bunkern muss und erst, wenn alles ruht, laut f***teuchalle rufen kann.

Das ist völlig normal. Nur Kinder, die sich sicher fühlen, fordern bei ihren Eltern ihre Rechte ein. Es ist der schwerste Job der Welt, für die Sicherheit von Kindern zu sorgen. Ich will dafür bezahlt werden, verehrt, geliebt, gefeiert. Es ist der wichtigste Job der Welt und alles andere als Selbstverständlichkeit.

54

ELTERN

Eltern sein. Älter werden.
Ich will nie wieder jünger sein, weil ich selten gut mit mir zurechtkam, außer hacke im Club.

Eltern sein. Älter werden.
Ich will wieder 27 sein, noch einmal ohne die Meute, einmal noch mal nicht für immer verantwortlich sein, nicht 24/7 zwischen Wahnsinn und Ordnungswahn.

Eltern sein. Älter werden.
Nie wieder werden wir 27 sein. Nie wieder ohne Verantwortung, außer, jemand nimmt sie uns ab.

Eltern sein. Älter werden.
Wenn gegen Augenringe nur ein Filter hilft. Wenn man auf die vergangenen Jahre wie durch einen Filter schaut. Wenn man alles vergisst, was die Gurken sagen, diese Knallersprüche, wenn man sie nicht gleich aufschreibt. Den von letztens weiß ich noch: »Papa, zeig mal deinen Pullermann!«

Hier wird aktuell viel übers Heiraten gesprochen. Der Große hat die gleiche Flamme wie sein bester Freund, der sie zuerst für sich entdeckt hat. Sein Bruder meint bei einer Pinkelpause neben dem Spielplatz zum Baum: »Hier, für dich, was zum Trinken, jetzt kannst du wachsen.« Heiraten möchte er auch. Und zwar »Dich Mama. Und deine Mumu.« Who doesn't love Kids and what they have to say?!

Der Ausruf von heute Nachmittag wird mir noch den restlichen Tag versüßen: »Mama, guck mal!!! So viel Schnee hab ich noch niiiiiiiiiiiiiie gesehen!! Wooooooooooow.«

Doch hast du, zweimal schon. Wenn du mit 28 in deinem Fotoalbum blätterst, falls ich es bis dahin fertig habe, wirst du all das sehen.

Eltern sein. Älter werden.
Wie wir jeden Tag mit euch angehen. Etwas machen. Zwischendurch großes Geschrei. Am Ende des Tages noch größer, keiner will schlafen. Das muss man als Kompliment nehmen. Kurz vor Mitternacht, wenn endlich alles schläft, geht so ein Spruch leicht von der Hand: Mir graut es jetzt schon davor, wenn abends keiner mehr nach uns fragt.

Eltern sein. Älter werden.
Da ist ein nie dagewesener Stolz für diese drei Geschöpfe, die so zufrieden wirken, denen es wirklich gut geht hier, das merkt man ihnen am frühen Morgen und am Ende des Tages an. Zwischen Sonnenauf- und -untergang gibt es immer wieder auf beiden Seiten einiges auszustehen. Da zieht man die Schultern hoch, weil man es gleich morgens als Partnerin verkackt und fiese Sachen gesagt hat oder man bekommt auf dem Weg in den Park Schnappatmung, weil man eigentlich gerade das Telefon in die Hand nehmen müsste, um E-Mails zu schreiben, um berufsbedingt noch irgendetwas zu gelten, und gleichzeitig da sein will, den Moment erleben, und wenn man sich dem zuwendet, kommt abends im stillen Kämmer-

lein die Erinnerung an die fehlenden Mails zurück. Dann feiert man sich wieder, weil man aus einem alten Kapuzenpullover und etwas Pappe ein Haifischkostüm gebastelt hat.

Eltern sein. Älter werden.

Wenn wir abends zusammen Bambi schauen, gibt es viele lange Kinderfragen und kurze müde Elternantworten und danach lautstarke Diskussionen, was sie noch alles gucken und essen wollen und alles zieht sich ewig und irgendwann schlafen fünf Menschen erschöpft ein.

Eltern sein. Älter werden.

Egal, wer sich wie oft als Vorzeigeeltern präsentiert oder wie lange du das harmonische Gespann im Park anstarren musst, weil du nicht fassen kannst, wie idyllisch alles bei ihnen wirkt. Wir werden alle erst später erfahren, wie gut wir als Eltern wirklich waren. Man muss viel Verständnis aufbringen, Geduld, flexibel sein, damit da Platz für Liebe und Geborgenheit bleibt. Alle Eltern haben Bedenken, Sorgen und kämpfen mit Überforderung, Müdigkeit und Stress. Helft allen, die überfordert sind. Besonders Alleinerziehenden, Familien mit vielen Kindern und wenig Ressourcen und mental oder körperlich kranken Eltern. Bietet konkrete Hilfe an. Nicht »Melde dich, wenn ich was tun kann«. Wenn es um dich und deine Kinder geht und du weißt, was dir helfen würde, schäme dich nicht, darum zu bitten, wenn du allein nicht mehr weiterkommst. Wir geben alle unser Bestes. Wir alle wollen, dass unsere Kinder glücklich sind.

Eltern sein. Älter werden.

Heute habe ich sie gefragt, wie mein Essen schmeckt, das vorher geliefert wurde. »Mama, das hast du nicht gekocht.«

Mit fünf und drei ist die Zeit des Verarschens vorbei, dafür wird am Tisch »Iiiih« gesagt und laut gelacht.

Eltern sein. Älter werden.
Wenn du beim Aufladen des Tablets Genitalbilder, die die Kinder von sich gemacht haben, entdeckst. Ich liebe jede neue Phase mit ihren neuen Herausforderungen.

Eltern sein. Älter werden.
Vor den Gurken habe ich nicht verstanden, wenn ein Kind frech war, und dachte immer: Was für Scheiß-Eltern. Oder wenn eine Freundin erzählte, ihr Kind sage, »Du bist eine Scheiß-Mama«, dachte ich, die Arme. Sagen wir mal so, ich würde sie heute voller Verständnis gern direkt nach dem Aufwachen in den Arm nehmen.

Eltern sein. Älter werden.
Das ist viel. Richtig viel. Das muss reichen. Wenn ich sehe, wie unser Mädchen mit ihren Brüdern draußen herumtigert – dann wird mir so warm ums Herz. Für nichts auf der Welt gebe ich all die Küsse wieder her.

Eltern sein. Älter werden.
Es passiert öfter, dass man zwar weiß, wer man sein will, aber nicht schätzt, wer man gerade ist. Irgendwann wird es schon wieder werden mit den ganzen Identitäten. Wenn die »Dienjahre« vorbeigezogen sind und nichts mehr nach Baby riecht und man denkt: Ja, da sitze ich nun.

USCHIS WISDOM

Mama-Survival-Wahrheiten

Es gibt wenige Dinge, auf die man sich als Mama verlassen kann. Aber auf sieben Dinge kann man wetten:

- Wenn man sie auszieht, kommt irgendwo immer Sand her.

- Sie werden genau dann wach, wenn frau gerade ihre Morgenroutine beginnt.

- Verwandte und Bekannte wissen nicht alles besser »Die kleine Schwester wird Ruhe reinbringen. »Das dritte Kind läuft mit. »Ein geringer Altersabstand ist super. Ich würde nicht darauf wetten, was andere sagen.

- Wer diese Zeiten gemeinsam überstehen will, muss erst mal einen Weg finden, sich selbst zu stärken.

- Es ist unglaublich, wie vergangene Dramen in den Hintergrund rücken, sobald sich kleine Wesen in unser Leben schleichen. Manchmal, ganz selten, vermisse ich diese Melancholie, als man sich noch tagelang dem Schmerz hingeben konnte. Heute brauche ich gar nicht erst anzufangen, wegen irgendetwas zu heulen, dann furzt irgendwer im Hintergrund und weiter geht's.

- Als Mutter sich selbst vertrauen und auf Herz und Instinkt hören, lohnt sich immer.

- Es ist verantwortungsvoll und das Gegenteil von egoistisch, wenn man vorher darüber nachdenkt, wie viel man jemand anderem geben kann, und darauf aufbauend entscheidet, ob und wenn ja, wie viele Kinder man haben will. Und dann entscheidet noch das Leben für uns, ob da eins, viele oder gar keins steht und jede Konstellation hat ihre Vor- und Nachteile und jede freut sich über Verständnis und jede ist okay. Das Leben mit Kindern liegt völlig außerhalb jeglicher Vorstellungskraft.

55

VORHABEN

So viele Vorhaben – dünner werden, netter sein, nicht so schnell laut werden, mehr Geduld haben, Handy weg, weniger Zucker, Tee statt Kaffee, Omas und Tanten Dankesbriefe schreiben, frisch kochen, Geld anlegen, mehr Geld verdienen, meditieren.

So viele Entscheidungen – Baby mit eins, zwei oder drei eingewöhnen, unbezahlte Elternzeit, ja oder nein, bewerben oder Influencerin werden?

So viele Ängste – werden unsere Kinder lange leben dürfen, kommt die große Flut oder wird alles an der enormen Dummheit der Menschheit scheitern?

Anderthalb ist mein kleines Mädchen alt. Ihre Brüder sind sechs und vier. Ich habe noch nie besser verstanden, was die Menschen, deren Kinder längst erwachsen sind, meinen mit, »Ein Wimpernschlag, und schon sind sie groß«. Die Jahre vergingen so schnell, wie ich »Cappuccinopulver« sagen kann. Wenn das einen Sinn hat, dann den, zu erkennen, dass Vorhaben, Entscheidungen und Ängste viel Zeit schlucken, wenn wir sie lassen. Gehetzte, Getriebene aus uns machen, die eigentlich nur leben wollen.

Im Gespräch mit einer Freundin stellen wir fest, uns selbst

gegenüber noch nie so streng gewesen zu sein wie jetzt als Mütter. In den Spiegel zu schauen und das, was man sieht, nicht zu mögen – so leicht, wenn man am Limit ist und kleine Kinder den Tag bestimmen. Meine Kinder sehen mich zähneknirschend, stirnrunzelnd und mit hängenden Schultern. Die Happy-Hippoland-Blase ist mit drei kleinen Kindern im Alltag endgültig geplatzt.

Wenn mir jemand mit 15 ein Bild meiner Zukunft gezeigt hätte – so eine richtige Mutti: Die Leggins passen farblich zur Trinkflasche, der Pullover zum alten Buggy. Das Mädchen von damals, das es mit seinen Extensions, der Leojacke und dem Skateboard auf dem Alex sitzend in ein amerikanisches Modemagazin schaffte, hätte verschämt weggeschaut. Nee, das muss die Biolehrerin sein. Ich würde irgendwo in New York abhängen und Kunst verkaufen. Nee, Hasi, du drehst seit Tagen mit drittem Kind in deinen Inlinern von damals deine Runden, bist froh, dass dir aktuell irgendetwas passt und du dich nach einer weiteren schlafarmen Nacht zum Rausgehen motivieren konntest. Deine Sorge gilt der Frage, ob du genug Wasser und Snacks dabei- und nicht aus Versehen im Pyjama das Haus verlassen hast. Destiny's Child hörst du immer noch. Die wahren Lieben im Leben vergehen nie.

Die Frau von der Zahnreinigung meint, das zurückgebildete Zahnfleisch kommt nicht wieder. Ab jetzt geht es darum, dass nicht noch mehr weggeht. Im Spiegel sehe ich die Veränderung. Wenn das Zahnfleisch keinen Bock mehr hat, geht es halt. Es braucht mehr Pflege. Mehr Aufmerksamkeit. I feel you, Zahnfleisch. Heute war der zweite Tag der Eingewöhnung meiner Kleinen. Wir haben uns darauf geeinigt, dass ich die Wahrheit hören will, ob es läuft. Und nicht »alles gut«, wenn es nicht gut war. Dann muss man zwar auch mit den Konsequenzen leben können, es aushalten, zu hören, wenn es nicht gut war, aber es ist besser für mich. Nach Geburts- und Intensivstationstrauma brauche ich eine ehrliche Eingewöhnung ohne Beschönigung.

Was ich nach dem Abgeben merke: Ich bin so was von bereit dafür, dass sie betreut wird. Das war ich bei den Jungs nicht. Zum ersten Mal nach sechs Jahren Mamasein fühlt es sich aus ganzem Herzen gut an.

Ich weiß noch wie heute, wie es war, als ich zum ersten Mal mit einem Kind allein war. Dann mit zweien. Wie ich versucht habe, das zweiwöchige Baby in die Trage zu bekommen und mit seinem noch einjährigen Bruder in den Park zu gehen. Vier Jahre später sitze ich mit drei kleinen Kindern allein am Strand. Entspannt ist anders. Habe schon dreimal heute für mich allein im Kopf kurz das Zeitliche gesegnet. Aber long story short: Man wächst rein. Und hat man sich erst einmal an etwas gewöhnt, ist es wieder anders.

Meine drei Tiger sind die krasseste Herausforderung und gleichzeitig die größte Bereicherung meines Lebens. Nichts und niemand hat mir jemals so viel abverlangt wie die drei. Angespannt, aber am Leben. Was für ein Wahnsinn. Es ist für die meisten so, das Leben mit kleinen Kindern. Das macht es nicht leichter. Aber der Gedanke entspannt.

Es gibt so richtig schlechte Tage. An denen man nichts an Mutterschaft schönreden kann. Besonders am Wochenende. Die sind ganz normal. Alle haben die. Wir können nicht alle immer gut handeln. Manchmal sind wir einfach müde und frustriert. Manchmal haben wir Angst, dieselben Fehler wie unsere Eltern zu machen. Oder wenn unsere Eltern spitze waren, den (eigenen) Erwartungen nicht zu genügen. Mit 15 dachte ich, man könnte kontrollieren, wie erfolgreich man wird und dadurch glücklich. Heute weiß ich, dass die wenigen Momente, in denen man wirklich loslässt, zu den allerkostbarsten gehören. Egal, wie sehr man sich den Kopf darüber zerbricht, wie man das alles hinkriegen soll – es wird nie schöner werden als jetzt.

So viele Träume sind schon für uns wahr geworden. Da muss man sich öfter dran erinnern. Ein gemeinsames Zuhause, gesunde, glückliche Kinder. Familienleben – mit Ecken und Kanten, am Ende des Tages werden hier alle geliebt.

Vielleicht ist der beste Tipp, den ich geben kann, Elternsein nicht auf der Basis von fremden Ratschlägen oder Instareels zu definieren. Ach und »Baby Led Weaning« soll gut sein. Das Baby selbst essen lassen. Damit man mit dem Handy daneben ein YouTube-Video gucken kann.

USCHIS WISDOM

Was ich anders machen würde

Wenn ich etwas anders machen könnte in meinen ersten Mutterjahren, dann würde ich IMMER erst mal beobachten und nicht gleich reingrätschen. Besonders draußen, wenn der Druck schwer auszuhalten ist, vor den anderen Eltern auf dem Spielplatz, im Restaurant, im Supermarkt, beim Arzt oder in der Stadt.

Ich würde mir nach den Geburten die richtige Kleidergröße kaufen, statt alte Sachen in meinem Schrank, die jetzt zu klein sind, anzustarren. Und viel schneller akzeptieren, dass ich in der Zeit, in der ich auf kleine Menschen aufpasse, weder Zucker noch Kohlenhydrate reduzieren kann. Je weiter fortgeschritten mein Leben als Mutter, desto größer die Bikinihose. Mittlerweile reicht sie bis unter die Brust.

Ich würde nicht von mir erwarten, mich spontan eloquent unterhalten zu können in einer Lebensphase, in der ich oft den ganzen Tag nur mit Kindern spreche und keine Ahnung habe, ob ich überhaupt noch mit Erwachsenen reden kann.

Ich würde meine Kinder nicht mehr so oft darum bitten, höflich zu sein. Viel zu oft sind meine Kinder höflich und erfahren vom Gegenüber das Gegenteil. Wenn sie sich wohlfühlen, sind sie ganz von selbst höflich. Wenn nicht, haben sie ihren Grund.

Ich würde mir nicht mehr den Kopf darüber zerbrechen, wie man in bestimmten Situationen hätte anders reagieren können. Man kann Kinder nicht davon abhalten, laute öffentliche Feststellungen zu machen. Es ist ganz normal, dass man in dem Moment, in dem das Kind fragt, »Warum ist der Mann so klein?«, keine Antwort parat hat.

Ich würde nicht mehr hinterfragen, warum man so lange ungläubig auf fleckige Waschbecken oder Wäscheberge starren kann. Oder warum ich hundertmal sage, dass wir im Auto nichts mehr essen, während ich Banane nach hinten reiche.

Ich würde anerkennen, dass ich manche Verantwortlichkeiten, die ich gerade noch versucht habe zu delegieren, in Wahrheit doch gern selbst übernehme.

Ich würde mich im Auto nicht mehr jedes Mal erschrecken, wenn ich in den Rückspiegel schaue und neue lange Haare aus dem Kinn wachsen sehe.

Ich würde jedes einzelne Mal genießen, wenn es in der Kita-WhatsApp-Gruppe was zum Aufregen gibt, was wäre die Elternzeit langweilig ohne die bekloppten Ansichten anderer Eltern.

Ich würde aufhören, mir vorzunehmen, das Telefon wegzulegen. Es ist und bleibt die größte Herausforderung für alle, die Eltern geworden sind seit 2010. Warum sollte ich besser als die anderen sein?

Ich würde es lassen, zu versuchen, mehr Lieder auswendig aus dem Stegreif vorträllern zu können. Sobald ich beginne zu singen, kommt jedes Mal, »Nein, Mama!«.

Ich würde Tränen seltener zurückhalten, Begeisterung zeige ich ja auch. Jedes Mal, wenn ich sehe, wie aufmerksam und einfühlsam sie jetzt schon sind, könnte ich direkt losheulen. Gefühle zeigen können, ist ein hohes Gut.

Ich würde mich öfter auf das schmutzige Bettlaken legen, statt es zum tausendsten Mal in einer Woche zum Waschen abzuziehen, und nicht mehr aufstehen, bis mich jemand runterrollt.

Ich würde aufhören, alles im Griff haben zu wollen. Es ist völlig okay, im Winter keinen Schlitten parat zu haben. Freunde dich mit Vorzeigeeltern an, die lieben es, auszuhelfen, das gibt ihnen ein Gefühl der Sicherheit.

Ich würde mich nicht jedes Mal so schlecht danach fühlen, wenn ich die Tür zuknalle oder laut schreie. Ja, Türen gehen kaputt, Schreien tut immer weh und Kinder kopieren Verhalten. Aber ich bin auch nur ein Mensch und manchmal reicht es mir, und alle, die es schaffen, nicht gewalttätig zu werden, wenn sie ihre Grenzen zeigen, haben einen Orden verdient. Es ist wahnsinnig schwer, eine gute Mutter nach seinen eigenen Richtlinien zu sein!

Ich würde nicht mehr krampfhaft lachen, wenn jemand augenscheinlich etwas Lustiges gesagt hat oder Interesse heucheln oder mich dafür entschuldigen, mich nicht gemeldet zu haben, weil meine Aufmerksamkeit auf dem 79. Mal »Maaama!!« eines Tages lag.

Ich würde aufhören, mich zu fragen, warum mir eigentlich noch keiner von den vier Leuten hier im Haus Frühstück gemacht hat, jetzt, wo ich doch offizielle Mini-Content-Creatorin bin. Haben die den ganzen Hype verschlafen, häh? Ich würde mir jedes einzelne Mal selbst den Wunsch, den ich gerade habe, erfüllen, because I will be forever my personal Queen.

Nur eines werde ich nicht: aufhören zu sagen, »Andere haben gar nichts«, wenn ein kleiner Mensch mein gekochtes Essen »eklig« nennt.

Ich wünsche mir, dass sich all unsere täglichen Küsse, Hugs und Pups-Kacka-Kissenschlachten tief in eurem Herzen verankern und euch für immer wissen lassen: Ihr seid so wahnsinnig wunderbar. Die besten Tiger, die ich mir jemals hätte erträumen können.
Ihr werdet so dermaßen geliebt.

DANKE

»Eine brauchst du«, hat meine Tante Helene immer gesagt. »Eine, die an dich glaubt, die deine Träume kennt. Die dich deshalb nicht Träumerin nennt.«

Ich habe zwei davon gefunden:

Mein Forever Best London Girl, die meinte, ich solle ein Buch schreiben und mich wöchentlich dazu motiviert und J E D E N einzelnen Grundstein dafür gelegt hat: Nicole.

Mein brasilianisches Supermodel und Vorbild Karina. Wir sehen uns am Freitag, zur Fashion Week in Mailand, Baby!

Danke, dass ihr immer an mich glaubt.

* * *

Meiner sexy Verlags-Uschi Gianna, die mich hoffentlich bald mit Privatjet und Champagner abholen wird, um auf ihren großartigen Geschmack anzustoßen, der sie dazu bewegt hat, auf Instagram zu fragen, ob ich schon mal an ein Buch gedacht habe und durch ihre Nachricht damals meinen Traum wahr gemacht hat.

* * *

Meiner Partnerin in Crime, was jede einzelne Seite dieses Buches betrifft – die allerbeste Lektorin, die ein Uschibuch sich wünschen kann: Nina. Ich danke dir so sehr, dass du mit mir gemeinsam an unserem Diamanten gemeißelt hast. Durch dich ist jeder Gedanke an die richtige Stelle gelangt. Es war sehr aufwühlend, alles Revue passieren zu lassen, und ich hätte es nicht ohne dich geschafft.

* * *

Piphead. Who is dreaming of a huge Range Rover. Whilst I was writing it, we moved to an island – both I do not recommend for a peaceful and harmonious marriage.

You gave me the space I needed to write that book, this will work in your favour in the future, I am sure.

I am grateful that you let me be the writer I didn't allow myself to be before. Your inspiring way of living la vida loca is a plus, too. Yes, you are very handsome. No, I will never stop moaning. You gave me all the inspiration for this book in the form of our three little nutters and I will always love you for that and all the »more«.

* * *

Der größte Dank gilt allen meinen Uschis! Die beste Community, die ich mir jemals hätte erträumen können. Seit über drei Jahren berichte ich auf Instagram von alltäglichem Unfug. Um mich zu motivieren. Dampf abzulassen. Frust von der Seele zu schreiben. Gedanken nachzugehen. Wie eine Wahnsinnige ins Telefon zu tippen. Mich mit Gleichgesinnten auszutauschen, die mir Aufwind geben und mir dadurch an manchen Tagen die Allernächsten werden. Durch euch bin ich so sehr ins Schreiben gekommen, dass ein ganzes Buch daraus geworden ist. Euch geb ich nicht mehr her!

NACHTRAG

Dieses Buch ist eine Mischung aus individueller Wahrneh-
mung, fiktiven Gedanken und konstruiertem Blick. Eine
Schablone unseres realen Lebens ist es nicht. Das echte
Leben ist viel zu komplex, um es mit Worten darzustellen.